부르심으로 디자인하라

모든 인간은 하나님의 형상을 닮은 존엄한 존재입니다. 전 세계의 모든 사람들은 인종, 민족, 피부색, 문화, 언어에 관계없이 존귀합니다. 예영커뮤니케이션은 이러한 정신에 근거해 모든 인간이 존귀한 삶을 사는 데 필요한 지식과 문화를 예수 그리스도의 사랑으로 보급함으로써 우리가 속한 사회에 기여하고자 합니다.

영드림빌더⑤
부르심으로 디자인하라
펴낸 날 · 2010년 2월 15일 | **초판 1쇄 찍은 날** · 2010년 2월 10일
지은이 · 최용호 | **펴낸이** · 김승태
등록번호 · 제2-1349호(1992. 3. 31) | **펴낸 곳** · 예영커뮤니케이션
주소 · (136-825) 서울시 성북구 성북1동 179-56 | **홈페이지** www.jeyoung.com
출판사업부 · T. (02)766-8931 F. (02)766-8934 e-mail: edit1@jeyoung.com
출판유통사업부 · T. (02)766-7912 F. (02)766-8934 e-mail: sales@jeyoung.com

copyright ⓒ 2010, 최용호
ISBN 978-89-8350-567-5 (04230)
　　　978-89-8350-568-2 (세트)

값 10,000원

* 잘못 만들어진 책은 교환해 드립니다.
* 본 저작물은 저작권법에 의하여 한국 내에서 보호를 받는 저작물이므로 무단 전제와 무단 복제를 금합니다.

영드림빌더⑤
부르심으로 디자인하라

최용호 지음

예영커뮤니케이션

차례

추천사 . . . 11

서문 . . . 13

제1장 큰 꿈 위에 세운 비전을 가져라 17

$V(Vision) \geqq D(dream)$

1. 비전은 무엇인가? . . . 19
2. 꿈은 무엇인가? . . . 20

   1) 꿈을 잉태하라.

   2) 꿈꾸는 다락방

3. 어떻게 꿈꿀 것인가? . . . 23

   1) 성령으로 충만하라

   2) "내 사전에는 불가능이란 없다."라고 생각하라

   3) 원대한 꿈으로 시야를 넓혀라

   4) 간절함을 지녀라(해바라기, 버킷 리스트)

   5) 꿈 리스트를 작성하라(존 고다드의 꿈)

4. 나의 꿈의 목록 . . . 38

제2장 목표가 분명한 비전을 가져라 41

$$V \geq D+G(goal)$$

1. 꿈은 누구나 가지고 있다 . . . 43
2. 목표 설정 능력을 업그레이드 하라 . . . 46
   1) SMART하게 목표를 설정하라
   2) 나의 자기 강화 프로그램
3. 목표 성취 능력을 업그레이드 하라 . . . 52
   1) 세운 목표를 이루기 위해 계획하라
   2) 계획과 목표를 공개하고 선언하라
   3) 목표를 문설주에 세겨라
   4) 끈기의 기술을 배워라
   5) 목표 달성 100%의 환상을 깨라

제3장 목적이 있는 비전을 가져라 59

$$V \geq D+G+P(purpose)$$

1. 꿈이 비전인가? 목표가 비전인가? . . . 61
2. 우리 삶의 목적이 무엇인가? . . . 61
3. 다니엘의 승리 . . . 64
4. 하나님의 사람들을 향한 도전 . . . 67
   1) 세상이 우리로 인해 하나님의 사람이라 인정하게 하라
   2) 세상이 우리로 인해 하나님을 경외하게 하라

5. 빛의 사명 . . . 70

6. 소금의 사명 . . . 72

7. 내가 서 있는 자리 . . . 74

8. 어디라도 가리라 . . . 76

제4장 사명이 더해진 비전을 가져라 79

$$V \geq D+G+P+M(mission)$$

1. 나만의 꿈 - 바로 사명 . . . 81

2. 나의 사명을 어떻게 발견할 것인가? . . . 81

   1) 장단점 리스트를 만들어라

   2) 해야만 하는 일과 하고 싶은 일이 일치하는가?

   3) 두 가지 조사

   4) 당신의 은사는 무엇인가?(달란트, 은사)

   5) 자신만의 재능을 찾는 네 가지 방법

3. 인생의 키워드를 발견하라 . . . 88

4. 사명 선언문을 작성하라 . . . 88

   1) 예수님의 사명선언문

   2) 사명선언문을 작성하라

   3) 가슴 뛰는 비전을 발견하라

   4) 작성한 사명선언문을 선포하라

5. 나의 키워드, 사명선언문 . . . 94

6. 인생의 키워드에 집중해라 . . . 95

   1) 10년 법칙

   2) 준비된 사람을 쓰신다

제5장 소원이 있는 비전을 가져라 101

$$V \geqq D+G+P+M+W(Wish)$$

1. 성경에는 비전이 등장하지 않는다 . . . 103
2. 하나님의 초점 - 중심 . . . 104
3. 간절함 . . . 106

   1) 간절히 원할 때만 구할 수 있다.

   2) 나비의 꿈

   3) 한 가지 소원이 무엇이냐?

4. 희망 . . . 112

   1) 아직 때가 되지 않았을 뿐이다

   2) 테리 폭스의 희망

   3) 희망의 간증

5. 균형 . . . 116
6. 소원의 결국은 하나님이 이루어 나가신다 . . . 117

제6장 변하는 자가 비전을 이룬다 121

$$V \geqq D+G+P+M+W, V \Leftarrow C(change)$$

1. 어떻게 변할 것인가? 무엇이 변화되어야 하는가? . . . 123

    1) 서울대의 강퍅함

    2) 서울대의 기적

2. 무엇이 변화되어야 하는가? . . . 127

    1) 해방되어야 한다

    2) 패러다임이 바뀌어야 한다

    3) 라이프스타일(습관)이 변화되어야 한다

3. 어떻게 변화될 것인가? . . . 137

4. 비전을 이루는 요소 . . . 140

제7장 좋은 습관을 훈련한 자가 비전을 이룬다 143

$$V \geqq D+G+P+M+W, V \Leftarrow C+T(traing)$$

1. 비전의 피날레 . . . 145

2. 분명한 것은 훈련이 필요하다 . . . 146

3. 크루세이드 훈련 . . . 147

4. 민족 복음화의 꿈 . . . 150

5. 잊을 수 없는 기억 . . . 151

6. 영향력을 확정시키기 위한 어떤 영적인 훈련들이 필요할까요? . . . 153

    1) 신령과 진정으로 예배드리는 습관을 훈련하라

2) 개인 경건의 삶(기도)을 훈련하라

3) 개인 경건의 삶(말씀)을 훈련하라

4) 자기관리, 시간관리를 훈련하라

5) 인간관계를 훈련하라

6) 마음가짐을 훈련하라

7) 섬김을 훈련하라

추천사

앙리 파브르의 『곤충기』를 보면 날벌레에 관한 재미있는 기록이 있습니다. 파브르는 날벌레의 생태를 연구하던 중 날벌레들이 앞에서 날고 있는 날벌레를 아무런 이유 없이 따라서 빙빙 도는 것을 발견했습니다. 날벌레들은 파브르가 아래에 먹을 것을 가져다 놓아도 그것이 있는지도 모르고 앞서가는 날벌레 뒤만 졸졸 따라다니다가 일주일이 되자 굶어 죽더라는 것이었습니다.

고대 그리스 시대의 극형 중에는 이런 형벌이 있었습니다. 극형에 해당하는 죄수들에게 두 개의 물통을 놓고 끊임없이 물을 번갈아 옮겨 담게 하는 형벌이었습니다. 아무런 목표와 비전과 방향성 없이 무익한 일을 지속적으로 하는 것은 사람에게 가장 큰 고통이기 때문입니다.

이 시대에 청년들에게 가장 절실하게 요구되는 것이 바로 비전이라 할 수 있습니다. 우연히 세상에 태어났거나 아무런 의미 없이 이 세상에 존재하는 사람은 아무도 없습니다. 하나님께서는 누구에게나 그가 감당할 만한 사명을 부여해 주셨습니다. 누구나 각자의 목적을 가지고 이 세상에 태어났다는 것입니다. 다만, 그것이 어떤 것인지 모르고 생활할 따름입니다.

그렇기 때문에 우리는 세상에 태어난 이유를 찾아야 합니다. 바로 그것이 자신의 비전을 찾는 일입니다. 자신의 삶 속에 포함되어 있는 존재 이유를 찾아내는 여정이 곧 자신의 비전을 찾는 일입니다.

지구상에 태어난 모든 생명은 단 한 번으로 끝나게 되어 있습니다. 단 한 번뿐이므로 연습이 통하지 않습니다. 연습 삼아 죽을 수는 없습니다. 단 한 번으로 끝나는 인생, 이 소중한 삶 속에서 나 자신의 비전을 찾아 일상생활과 조화시킨다면 그 인생은 정말 살아 볼 만하고 의미 있는 인생이 될 것입니다.

최용호 간사는 한국 대학생 선교단체의 간사로서 늘 학생들과 함께 해 왔습니다. 그래서 학생들의 필요에 민감하게 반응할 수 있습니다. 그리고 비전에 관해 늘 연구하고 고민하는 비전 전문가입니다. 이 책은 비전의 중요성만 역설하고 끝나는 것이 아니라 실제적으로 비전을 찾고 발견할 수 있도록 인도해 주는 좋은 지침서입니다.

젊은 날에 각자 각자를 향한 비전을 발견하는 일이야 말로 예수를 만난 젊은이들에 가장 최우선적인 과제라고 할 수 있을 것입니다. 아무쪼록 이 책을 통해서 하나님계서 주신 비전에 대한 올바른 견해와 실제적인 비전과 그 비전을 이루어 가는 방법을 습득하시기 바랍니다.

박성민 목사(한국대학생선교회 대표)

서문

　대학에서 청년들과 함께 생활하며 예수를 만난 청년들에게 가장 중요한 것이 무엇인지 많은 고민을 했다. 어떻게 하면 그들을 각자가 처한 환경 가운데 더 큰 영향력을 발휘할 수 있는 영적 지도자들로 양육할 것인가가 나의 가장 큰 관심사였다.

　예수를 만나고도 좀처럼 옛 성품들을 버리지 못하고 변화하지 못하는 이들을 보면서 '하나님, 이들을 변화시키고 싶습니다.'라고 울부짖으며 기도했던 많은 시간들이 있었다. 메튜 팍스는 '게으름의 해답은 열정의 회복'이라 했다. 삶의 이유와 목적, 즉 비전을 발견하는 것이 삶을 열정적으로 살아가게 해 준다는 말이다. 실제적으로 각자를 향한 하나님의 사명과 계획을 발견하게 될 때 청년들의 눈빛이 달라지고 삶의 자세가 변화되는 모습을 보게 되었다.

　비전 연구의 필요성을 느끼고 공부하고 연구하면서 낳은 안타까움을 느꼈다. 왜냐하면 우리가 듣고 있는 "비전이 중요하다."라는 수많은 메시지들 중에 정작 어떤 것이 비전인지, 비전을 찾고 발견하는 방법이 무엇인지, 비전을 이루기 위해서 어떻게 해야 하는지에 대한 실제적인 알맹이들이 적기 때문이다. 또한 비전에 관한 많은 책들이 하나님의 관점보다는 세상적인 관점으로 쓰여진 것들이 대부분이기 때문이다. 그러므로 청년들은 '당신의 비전이 무엇입니까?'라고 물으면 여전히 난감해 한다.

그래서 부족하고 연약한 사람이지만 하나님이 주신 비전과 은사, 기도와 감동을 따라 성경적인 시각으로 본 비전의 실체와 비전의 중요성 뿐 아니라 실제적으로 비전을 찾을 수 있고 이룰 수 있는, 구체적인 지침들을 이 시대의 모든 젊은이들과 나누고 싶다. 그리고 그들이 각자의 사명을 발견하기를 소망한다.

목표는 머릿속에만 맴돌지 않고 글로 써졌을 때 놀라운 일이 일어난다. 시간 관리는 다이어리를 기록할 때부터 그 서막이 시작된다. 기도 역시 골방의 문을 열고 무릎 꿇을 때 신앙의 정수를 맛볼 수 있게 된다.

이 책은 비전에 관한 일곱 가지 요소를 설명하고 있다. 특별히 각자의 비전을 찾고 발견해 갈 수 있도록 각 장마다 실천항목이란 이름으로 글로 쓰며 적용해 볼 수 있게 했다. 머릿속에 아는 것만으로는 자신의 비전을 발견할 수 없다. 나의 생각과 사고로 적용하며 내가 작성해 볼 때 반드시 각자를 향한 하나님의 비전을 발견할 수 있으리라 믿는다.

이 책을 펼친 당신은 비전의 중요성에 대해 동의하고 또 많이 들어왔으리라 생각한다. 비전의 중요성에 대한 누군가의 강의도 들어 봤을지도 모르겠다. 그리고 어려움을 극복하고 비전을 이루어 낸 사람들의 성공담에 박수를 쳐 본 적도 있을 것이다. 이 책을 통해 이제 당신을 향한 하나님의 비전을 발견하고 사람들이 당신의 비전 이야기에 박수치고 도전받기를 소망한다.

이 책이 나올 수 있도록 인도해 주신 하나님과 끊임없는 격려로 함께해 준 아내와 책과 함께 태어난 예준이, 그리고 동역하는 간사님들과 후원자, 그리고 예영커뮤니케이션 출판사 분들의 독려에 감사드린다.

비전에 관해서 가르치고 강의하면서 정리한 이 책을 통해서 수많은 크리스천들이 하나님 안에서 발견한 올바른 비전 앞에 변화되기를 소망한다. 그래서 이 땅 가운데, 열방 가운데 하나님의 빛과 소금의 역할들을 감당하기를 기도한다.

제1장
큰 꿈 위에 비전을 세워라

V(Vision) ≧ D(dream)

1. 비전은 무엇인가?

오래 전 어느 모임에서 "각자의 비전에 대해서 나누어 봅시다."라고 제안한 적이 있었다. 그때 많은 사람들이 "그렇게 어려운 주제를…?"이라며 난색을 표했다. 사람들에게 "당신의 비전이 무엇입니까?"라고 물으면 대답하기를 참으로 난감해 한다. 앞으로 갖게 될 직업 정도를 말하는 것으로 그치는 경우가 많다.

젊은이는 무엇보다도 비전을 가져야 한다는 말을 수없이 듣지만 정작 수많은 젊은이들이 "나의 비전이 무엇일까?"라고 궁금해 하며, 비전을 찾는다. 왜 그런가? 그동안 "원대한 비전을 품으라."는 말만 들었을 뿐이지 비전이 무엇인지, 성경적으로 어떻게 비전을 추구해야 하는 것인지에 대해 구체적이고 진지한 고민이 없었고 안내도 받지 못했기 때문이다.

그렇다면 비전이란 무엇인가? 비전에 대한 정의는 '미래에 대한 구상', '더 나은 내일을 만들기 위한 마음속의 그림', '시각화', '생생하게 꿈꾸는 것' 등 다양하다. 하지만 내가 정의하는 "비전은 무지개이다." 왜냐하면 첫째, 무지개는 하나님께서 우리에게 주신 언약이고 희망인 것처럼 비전 역시 하나님께서 우리 각자 각자에게 주신 언약이며 희망이기 때문이다. 둘째, 무지개는 비온 뒤에 펼쳐지는 것처럼 비전 역시 역경과 고난을 뚫고 펼쳐지기 때문이다. 마지막으로 무지개는 7가지 색깔이 온전히 하나될 때 아름다운 것처럼 비전 역시 7가지 요소들이 온전히 조화를 이룰 때 진정한 비전으로 거듭날 수 있기 때문이다. 그 비전의 첫 번째 요소이자 가장 많이 비전과 혼동해서 쓰여지기도 하는 꿈에 관한 이야기부터 시작해 보도록 하겠다.

비전과 가장 흡사한 것이 꿈이다. 하지만 비전과 꿈은 분명히 차이가 있다. 어떨 때는 혼동해서 꿈을 비전인 것처럼 말하기도 하지만 정확히 말하면 비전은 꿈이라는 요소를 포함하고 있다(비전〉꿈). 그래서 비전을 알기 위해서는 먼저 꿈에서부터 시작해야 한다. 비전에 대해 답하기 어려운 사람도 "당신의 꿈이 무엇입니까?"라고 물으면 그래도 대답할 내용이 있다.

2. 꿈은 무엇인가?

일생을 살아오면서 한 번 정도는 '당신의 꿈이 무엇입니까?'라는 질문을 듣고 대답했던 기억이 있을 것이다. 물론 우리의 꿈은 살아가면서 계속 바뀌어 가기도 한다.

슬픈 꿈의 변천사라는 말이 있다. 초등학교 때는 대통령이나 과학자, 중고등학교 때는 의사나 변호사, 또는 선생님이 꿈이었다가, 대학생이 되면 회사원 또는 공무원, 대학을 졸업하고 나면 자영업자가 꿈이라는 말이 있다. 우리의 현실을 꼬집는 말이 아닐 수 없다. 어쨌든 우리는 꿈을 꾸었고 지금도 꿈을 꾼다.

'꿈'을 생각하면 떠오르는 인물들이 있다. 그중에 대표적인 인물로 너무나 잘 아는 마틴 루터 킹(Martin Luther King Jr.) 목사가 있다. 그는 미국 흑인에 대한 인종 차별에 맞서서 이렇게 외쳤다.

"나에게는 꿈이 있습니다. 언젠가 이 나라가 모든 인간은 평등하게 태어났다는 것을 자명한 진실로 받아들이고, 그 진정한 의미를 신조로 살아가게 되는 날

이 오리라는 꿈입니다. 언젠가는 조지아의 붉은 언덕 위에 예전에 노예였던 부모의 자식과 그 노예의 주인이었던 부모의 자식들이 형제애의 식탁에 함께 둘러앉는 날이 오리라는 꿈입니다."

이 연설은 1963년 8월 28일 미국의 수도 워싱턴 D.C.의 아브라함 링컨기념관 앞에서 한 것인데 지금까지도 많은 사람들에게 도전과 희망을 주고 있다. 그는 큰 꿈을 꾸었고, 그 꿈을 다른 사람들과 나누었으며, 그 꿈을 이루기 위해 자신의 목숨을 걸고 최선을 다했다. 그리고 그가 꿈꿔 왔던 인종차별이 없는 세상은 지금 현실이 되었다. 드디어 버락 오바마와 같은 흑인 대통령을 투표로 선출할 수 있게 되었다.

1) 꿈을 잉태하라

한국에도 꿈을 꾸고 꿈을 이룬 사람들이 수없이 많다. 특별히 우리에게 큰 도전을 주는 분은 류태영 박사이다. 그분의 삶을 보면 '요셉의 삶이 이와 같지 않을까?'라고 할 만큼 꿈꾸며 살았고 불가능에 가까운 꿈을 현실로 이루었다. 그는 찢어지게 가난했던 삶을 살았다. 그것도 산으로 둘러싸인 농촌 촌구석에서 지게를 지며 살았고, 중학교와 고등학교는 꿈에도 못 갈 형편이었다. 구두닦이를 하면서 고등학교에 다녔고, 그러면서도 유학을 갈 것이고 어떠한 일을 해서라도 이 나라 이 민족의 가난을 면하게 하는 지도자가 되고자 하는 꿈을 꾸었다.

류태영 박사는 한국 농촌 유토피아를 꿈꾸며 선진 농업국인 덴마크로 유학을 가기를 꿈꿨다. 하지만 그가 가고 싶었던 덴마크는 그 당시 한국대사관도 없었고, 주변에 덴마크를 다녀 온 사람은 물론 덴마크에 관해 제대로 아는 사람조차 없었다. 그럼에도 불구하고 그는 덴마크 국왕에게 편지와 우리나라 농촌에 관한 논문을 보내서 기적처럼 덴마크로 유학을 갔다. 찢어지게 가난하던 시절, 대한민국이라는 나라가 어디 있는지 조차 모르던 시절에 덴마크 왕이 그를 초청을 했다. 한 마디로 꿈같은 일들이다. 그는 유학을 마치고 돌아와서 대한민국의 새마을 운동의 주역이 되었다. 그는 만나는 사람들 모두에게 도전한다.

"꿈을 잉태하라."

새 생명을 잉태하면 반드시 해산을 하게 된다. 이것은 우주의 법칙이다. 마찬가지로 꿈도 잉태되면 어떤 형태로든지 현실로 나타나게 되어 있다. 꿈을 잉태하라. 임신한 어머니와 같이 해산할 날을 기다리며 꿈을 살찌워라. 유산된 꿈이 아닌, 사산된 꿈이 아닌, 튼튼하고 아름다운 꿈의 해산을 위해 잉태하고 관리하라.

2) 꿈꾸는 다락방

『꿈꾸는 다락방』의 R=VD 공식의 전도사인 이지성 씨는 그 책에 수많은 역사적 인물들을 등장시키고 있다. 그들은 먼저 생생하게 꿈을 꾸고 그 것을 이루어 낸 사람들이다. 그는 "R=VD," 즉 "생생하게 꿈을 꾸면 이루어진다."라고 도전하며 스티븐 스필버그, 빌 게이츠, 파블로 피카소, 알베르트 아인슈타인, 손정의 등 수많은 사람들의 이름과 삶을 언급한다.

"위대한 사람이 있는 것이 아니라 위대한 꿈이 있다."

위대한 꿈이 먼저이다. 그리고 그 꿈은 정말로 생생하게 그린 사람이 이룰 수 있다. 비전은 꿈꾸는 것으로부터 시작된다. 그것을 얼마나 생생하고 구체적으로 그릴 수 있는가가 꿈을 이루는 비결이라고 강조한다.

젊은 대학생들을 지도하면서 너무나 놀라운 일은 '젊은이들이 꿈을 꾸지 않는다.'라는 것이다. '꿈을 잃어버린 채 살아간다.'라는 것이다. 부모의 반대에 굴복하고, 사회의 장벽에 무릎 꿇은 채 현실에 안주하며 꿈을 잃어가고 있다. 꿈을 잃어버린 세대, 꿈꾸는 능력을 잃어가는 젊은이들이 다시 한 번 잃어버린 꿈을 회복하고 꿈꾸는 능력이 새로워지기를 소망한다.

3. 어떻게 꿈꿀 것인가?

수많은 사람들이 꿈을 꾸었고, 그 꿈이 현실이 되는 경험을 해 왔다. 어떻게 꿈꾸어야 그 꿈을 현실로 경험할 수 있을까? 학생들을 지도하면서 꿈꾸는 것도 지속적으로 생각하고 적어보지 않으면 불가능하다는 사실을 발견했다. 꿈꾸는 능력을 개발하고 계속적으로 업그레이드를 시켜야 한다. 어떻게 꿈꾸는 능력을 성취할 수 있을까?

1) 성령으로 충만하라

꿈꾸는 능력은 세상이 말하는 공식이 아니다.

"젊은이들은 환상을 보고, 늙은이들은 꿈을 꾸리라." (욜 2:28, 행 2:17)

이 도전적인 성경말씀의 앞에 나오는 구절이 "말세에 내가 내 영을 모든 육체에 부어 주리니"이다. 하나님을 만난 사람은 반드시 꿈을 꿀 수밖에 없다. 성령의 영이 내주하는 우리들은 환상을 보고 꿈꾸게 되어 있다. 디엘 무디(D. L. Moody)가 잠들기 위해 누웠다가 하나님께서 너무나 많은 꿈과 비전을 보여 주셔서 "하나님 이제 그만, 이제 그만!"이라고 외쳤다는 말처럼 부어 주신 성령이 우리를 꿈꾸게 한다.

우리 크리스천 젊은이들이 꿈을 잃어버렸다. 그들의 잃어버린 꿈을 되찾아 줄 필요가 있다.

"부의 격차보다 무서운 것이 꿈의 격차이다."

이 말처럼 젊은 날에 꿈의 격차를 두려워해야 한다. 요셉의 별명이 꿈꾸는 자인 것처럼, 우리는 꿈꾸는 사람들이 되어야 한다. 그것이 젊은 날에 예수를 만난 사람들의 사명이다. 정리하자면 꿈꾸는 능력은 성령의 충만함에서부터 온다. 무엇보다도 먼저 성령 하나님과 친밀함 가운데 나아가야 한다.

2) "내 사전에는 불가능이란 없다."라고 생각하라.

"네 입을 크게 열라 내가 채우리라." (시 81:10)

크리스천인 우리는 크고 놀라운 일을 이루리라고 하신 말씀의 약속을 기대해야 한다. 소망해야 한다. 큰 꿈을 꾸어야 한다.

"믿는 자에게는 능히 하지 못할 일이 없느니라." (막 9:23).

나폴레옹은 자신의 삶에 "불가능은 없다."라고 외쳤지만 그에게가 아니라 우리에게, 믿는 자에게 불가능은 없다. 하나님의 뜻대로 살아가기를 소망하는 우리들에게 불가능은 없다.

"내가 진실로 진실로 너희에게 이르노니 나를 믿는 자는 내가 하는 일을 그도 할 것이요. 또한 그보다 큰 일도 하리니" (요 14:12)

예수님께서는 수많은 기적과 불가능한 일들을 이루셨다. 그리고 우리에게 도전하신다. 나를 믿는 자, 나를 따르는 자, 하나님의 뜻을 앙망하는 자는 '내가 한 일도 할 것이고, 이보다 더 큰 것도 할 것이다.'라고 도전하신다. 하나님께서는 우리를 통해 일하시기를 원하신다.

하나님께서는 믿음의 사람들에게 크고 비밀한 일들을 보여 주신다. 그리고 그들을 꿈꾸게 하신다. 김준곤 목사님에게 민족복음화의 꿈을 보여 주고 도전하고 이루어 가게 하셨다. 하용조 목사님에게 'ACT 29', 즉 사도행전적 교회를 보여 주고 도전하고 이루어 가게 하셨다.

하나님께서는 전능하시고 크신 분이시다. 우리가 구하는 모든 것들을 다 들어 주실 수 있는, 우리의 모든 절박한 문제들을 해결해 주실 수 있는 능력의 하나님이시다. 종교 개혁자 마르틴 루터(Martin Luther)는 "하나님을 하나님 되게 하라."고 외쳤다. 하나님을 작은 하나님으로 붙들어 매지 말고 하나님으로 하나님 되게 하라는 것이다. 온 우주 만물을 창조하시고 통치하시며 지금도 모든 것들을 변화시킬 수 있는 전능하신 하나님께 위대한 것을 구하라는 말이다. 하나님께 위대한 것을 구하는 자에게 하나님께서는 위대한 것을 주신다.[1] 꿈꾸는 부분부터 우리의 삶을 제안하지 말자.

3) 원대한 꿈으로 시야를 넓혀라

우리가 잘 알고 있는 이 말은 윌리엄 클라크(William Clark) 박사의 말이다. 1876년 매사추세츠 농과대학교 책임자로 있던 그는 일본 메이지 천황의 요청으로 일본에 건너가 황무지 삿포로에 농림학교를 세우고 초대 교장이 되었다. 1년간의 그가 던져 준 충격적인 꿈과 비전의 이야기들, 그리고 몸소 보여 준 생활의 모범을 통해 그의 제자들은 후에 재무장관, 국제 연맹 주재 일본 대표, 일본 제일의 기독교 지도자(우찌무라 간조) 등 당대 일본의 정신적인 변화와 근대화를 주도한 선구자들이 되었다. 그가 임기를 마치고 떠나는 날 마지막으로 젊은이들에게 남긴 말이 우리가 잘 알고 있는 "Boys,

---
1) 전병욱, 『무너진 성벽을 재건하라』, 35p, 나침반

be ambitious!"이다. 이 말을 해석하면 "소년이여 야망을 품어라!"이다. 독실한 크리스천이었던 클라크 박사가 마지막으로 제자들에게 꼭 주고 싶었던 말이 야망을 가져야 된다는 권고였을까? 이 말의 원래의 본문은 "Boys, be ambitious in Christ."라고 한다. 세상은 야망을 품어도 그리스도인은 야망을 품을 수 없다. 크리스천은 가치관과 삶의 목표가 다르기 때문이다. 야망은 자신을 위한 꿈이라 할 수 있다. 그러기에 그리스도 안에 있는 사람은 야망이 아닌 대망을 품어야 한다. 큰 뜻과 큰 꿈 말이다. 이 말의 진정한 뜻은 "소년이여, 그리스도 안에서 그리스도를 위해서 대망을 품어라, 큰 뜻을 품어라."라는 말이다. 그리스도를 따르는 젊은이들이여, 우리는 마땅히 그가 보여 주신 섬김의 위대하고 원대한 삶을 살기 위해서 꿈꾸어야 한다.

일본인들이 많이 기르는 관상어 중에 '고이'라는 잉어가 있다. 이 잉어를 작은 어항에 넣어 두면 5-8cm밖에 자라지 않는다. 그러나 아주 커다란 수족관이나 연못에 넣어 두면 15-25cm까지 자란다. 그리고 강물에 방류하면 90-120cm까지 큰다. 고이는 자기가 숨 쉬고 활동하는 세계의 크기에 따라 난쟁이 물고기가 될 수도 있고, 대형 잉어가 되기도 한다. 우리가 바라는 "꿈"이 고이가 처한 환경과도 같다면, 우리가 더 큰 생각을 품고 더 큰 꿈을 꾸면 더 크게 자랄 수 있다는 것을 알 수 있다.[2]

4) 간절함을 지녀라(해바라기, 버킷 리스트)

"해바라기"란 영화에 보면 감옥에 갇혀 있던 주인공이 그곳을 나가면

---
2) 차동엽, 『무지개 원리』, 115p, 위즈 앤 비즈

해 보고 싶은 것, 꼭 하고 싶은 것을 조그마한 노트에 적는다. 출소한 그는 그것들을 하나하나 이루어 나간다. "버킷 리스트"(The Bucket List)라는 영화에서는 한 할아버지가 시한부 인생 판정을 받고 죽기 전에 꼭 해 보고 싶은 것, 가고 싶은 곳을 적는다. 그리고 다른 시한부 인생인 돈 많은 할아버지의 도움으로 이것들을 하나하나 이루어 나간다. 당신은 감옥에 갇혀 있지 않다. 시한부 판정도 받지 않았다. 아니 당신이 감옥에 있다면 석방되어 나갔을 때 꼭 해 보고 싶은 것이 무엇인가? 시한부 판정을 받았음에도 불구하고 남은 생애 가운데 꼭 해야만 하는 일이 무엇인가? 어제 죽은 사람이 그토록 살기를 소망했던 오늘이다. 당신의 삶 가운데 간절하고 애절하게 이루고 싶은 것들이 무엇인가?

비전이란 당신이 모든 것을 할 수 있다고 한다면 당신은 무엇을 하고 싶은가에 대한 답변일 수 있다. 당신에게 시간, 재능, 물질 모든 것이 주어져 있다면 이루고 싶은 것이 무엇인가? 비전을 그리기 위해서 꿈을 아끼지 말자. 꿈꾸는 것에는 특별히 비싼 돈을 내야 하는 것이 아니고 특별한 재능이 필요한 것도 아니다. 그렇다면 도대체 못 꿀 꿈이 무엇이란 말인가? 우리에게는 무한한 가능성과 잠재력이 있다. 미국의 플로리다 주 올랜도에 있는 디즈니랜드사에 새겨져 있는 말이다.

"IF YOU CAN DREAM IT, YOU CAN DO IT!"
(당신이 꿈을 꾼다면, 당신은 이룰 수 있다.)

5) 꿈의 목록을 작성하라(존 고다드의 꿈[3])

1944년 미국의 로스앤젤레스에서 어느 비 내리는 오후, 열다섯 살의 한 소년이 자기 집 식탁에서 할머니와 숙모가 나누는 이야기를 듣는다. 할머니는 숙모에게 "이것을 내가 젊었을 때 했었더라면…"이라고 이야기를 하셨고, 그 말을 들은 소년은 이런 생각을 하게 된다.

'나는 커서 무엇을 했더라면…이라는 후회는 하지 말아야지!'

소년은 연필과 노란종이를 꺼내, 맨 위에 '나의 꿈 목록'이라고 쓰고, 자신이 평생에 하고 싶은 것, 가고 싶은 곳, 배우고 싶은 것을 하나씩 기록했다. 드디어 그는 장장 127개의 목록을 작성했다.

그는 자신의 꿈 목록을 가슴에 품고 다니면서 가능한 것부터 하나씩 정복해 나갔다. 1972년까지 그 중 103가지를 완벽하게 실천했다. 이 사람의 이름이 존 고다드(John Goddard)이다. 고다드는 1972년 당시 가장 유명한 잡지사인 「LIFE」지에 찾아가 그의 꿈의 목록을 제시하였다. 「LIFE」지는 그 기사를 싣고 잡지사 역사상 최고의 판매부수를 기록했다. 당시 사람들은 「LIFE」지를 산 것이 아니라 한 남자의 꿈과 그 꿈을 이룬 험난한 시간을 산 것이었다.

---

[3] 김세우, 『인생을 성공으로 이끄는 셀프 리더십 비전』, 169p, 한솔

존 고다드가 작성한 꿈의 목록 (★표는 이룬 것)

■ 탐험할 장소

1. 이집트의 나일강(세계에서 제일 긴 강)★

2. 남미의 아마존 강(세계에서 제일 큰 강)★

3. 아프리카 중부의 콩고강★

4. 미국 서부의 콜로라도강★

5. 중국 양자강

6. 서아프리카 니제르강

7. 베네수엘라의 오리노코강

8. 니카라과의 리오코코강★

■ 원시 문화 답사

9. 중앙아프리카의 콩고★

10. 뉴기니섬★

11. 브라질★

12. 인도네시아의 보르네오섬★

13. 북아프리카 수단(존 고다드는 이곳에서 모래 폭풍을 만나 산채로 매장당할 뻔했음)★

14. 호주 원주민들의 문화★

15. 아프리카 케냐★

16. 필리핀★

17. 탕가니카(현재의 탄자니아)★

18. 에티오피아★

19. 서아프리카 나이지리아★

20. 알래스카★

■ 등반할 산

21. 에베레스트산(세계 최고봉 8848m)

22. 아르헨티나의 아콘카과산(남미 최고봉 6960m)

23. 메킨리산(북미 최고봉 6194m)

24. 페루의 후아스카란봉★

25. 킬리만쟈로산(아프리카 최고봉 5895m)★

26. 터키의 아라라트산(노아의 방주가 닿은 곳이라고 알려진 산)★

27. 케냐산★

28. 뉴질랜드의 쿡산

29. 멕시코의 포포카테페틀산★

30. 마테호른산(유럽에서 가장 험한 산)★

31. 라이너산★

32. 일본의 후지산★

33. 베수비오산(이탈리아 나폴리 활화산)★

34. 자바 섬의 브로모산★

35. 그랜드 테튼산(영화 "세인"의 배경이 된 산)★

36. 캘리포니아의 볼디 마운틴★

■ 배워야 할 것들

37. 의료 활동과 탐험 분야에서 많은 경력을 쌓을 것 (현재까지 원시부족들

사이에 전해져 오는 다양한 치료요법과 약품을 배웠음)★

38. 나바호족과 호피족 인디언에 대해 배울 것

39. 비행기 조종술 배우기★

40. 로즈퍼레이드(캘리포니아에서 해마다 5월에 열리는 장미축제 행렬)에서 말타기★

■ 사진 촬영

41. 브라질 이과수 폭포★

42. 로데시아의 빅토리아 폭포(이 과정에서 존 고다드는 아프리카 흑멧돼지에게 쫓기기도 했음)★

43. 뉴질랜드의 서덜랜드 폭포★

44. 미국 서부 요세미티 폭포★

45. 나이아가라 폭포★

46. 마르코 폴로와 알렉산더 대왕의 원정길 되짚어 가기★

■ 수중 탐험

47. 미국 남부 플로리다의 산호 암초 지대★

48. 호주의 그레이트 배리어 대암초 지대(이곳에서 존 고다드는 135kg의 대합조개 촬영에 성공했음)★

49. 홍해★

50. 피지 군도★

51. 바하마 군도★

52. 오케페노키 늪지대와 에버글레이즈(플로리다 주 남부 습지대)탐험★

■ 여행할 장소

53. 북극과 남극★

54. 중국 만리장성★

55. 파나마 운하와 수에즈 운하★

56. 이스터 섬(거석문명의 섬)★

57. 바티칸 시(이때 존 고다드는 교황을 만났음)★

58. 갈라파고스 군도(태평양상의 적도 바로 아래의 화산섬)★

59. 인도의 타지마할 묘★

60. 피사의 사탑★

61. 프랑스의 에펠탑★

62. 블루 그로토★

63. 런던탑★

64. 호주의 아이어 암벽 등반★

65. 멕시코 치첸이차의 성스런 우물★

66. 요르단 강을 따라 갈릴리 해에서 사해로 건너가기

■ 수영해 볼 장소

67. 중미의 니카라과 호수★

68. 빅토리아 호수★

69. 슈피리어 호수★

70. 탕가니카 호수★

71. 남미의 티티카카 호수★

■ 해낼 일

72. 독수리 스카우트 단원되기★

73. 잠수함 타기★

74. 항공모함에서 비행기를 조종해서 이착륙하기★

75. 전 세계의 모든 국가들을 한 번씩 방문할 것(현재 30개 나라가 남았음)★

76. 소형 비행선, 열기구, 글라이더 타기★

77. 코끼리, 낙타, 타조, 야생말 타기★

78. 4.5kg의 바닷가재와 25m의 전복 채취하기★

79. 스킨다이빙으로 12m 해저로 내려가서 2분 30초동안 호흡을 참고 있기★

80. 1분에 50자 타자치기★

81. 플루트와 바이올린 연주★

82. 낙하산 타고 뛰어내리기★

83. 스키와 수상스키 배우기★

84. 복음 전도 사업 참여★

85. 탐험가 존 뮤어의 탐험길을 따라 여행할 것★

86. 원시 부족의 의약품을 공부해 유용한 것들 가져오기★

87. 코끼리, 사자, 코뿔소, 케이프 버펄로, 고래를 촬영할 것★

88. 검도 배우기★

89. 동양의 지압술 배우기★

90. 대학교에서 강의하기★

91. 해저 세계 탐험가기★

92. 타잔 영화에 출연하기(이것은 이제 시대에 뒤떨어진 소년 시절의 꿈이 되었다)

93. 말, 침팬지, 치타, 오셀롯, 코요테를 키워 볼 것(자기 침팬지와 치타가 남았음)★

94. 발리 섬의 장례 의식 참관★

95. 아마추어 햄 무선국의 회원이 될 것★

96. 자기 소유의 천체 망원경 세우기★

97. 저서 한 권 갖기(나일강 여행에 관한 책을 출판했음)★

98. [내셔널 지오그래픽]지에 기사 싣기★

99. 몸무게 80kg 유지(현재까지 잘 유지하고 있음)★

100. 윗몸 일으키기 200회, 턱걸이 20회 유지★

101. 프랑스어, 스페인어, 그리고 아랍어를 배울 것★

102. 코모도 섬에 가서 날아다니는 도마뱀의 생태를 연구할 것

103. 높이뛰기 1m 50cm★

104. 멀리뛰기 4m 50cm★

105. 1마일을 5분에 주파하기★

106. 덴마크에 있는 소렌슨 외할아버지의 출생지 방문★

107. 영국에 있는 고다드 할아버지의 출생지 방문★

108. 선원자격으로 화물선에 승선할 것★

109. 브리태니커 백과사전 전권 읽기(현재까지 각 권의 대부분을 읽었음)

110. 성경을 앞장에서 뒷장까지 통독하기★

111. 셰익스피어, 플라톤, 아리스토텔레스, 찰스 디킨스, 헨리 데이비드 소로우, 애드가 알렌 포우, 루소, 베이컨, 헤밍웨이, 마크 트웨인, 버로우즈, 조셉 콘라드, 탈 메이지, 톨스토이, 롱펠로우, 존 키이츠, 휘트먼, 에머슨 등의 작품 읽기(각 저자의 전작은 아니라도)★

112. 바하, 베토벤, 드뷔시, 이베르, 멘델스존, 랄로, 림스키코르사코프, 레스

프기, 리스트, 라흐마니노프, 스트라빈스키, 차이코프스키, 베르디의 음악 작품들과 친숙해지기★

113. 비행기, 오토바이, 트랙터, 윈드서핑, 권총, 엽총, 카누, 현미경, 축구, 농구, 활쏘기, 부메랑 등에 있어서 우수한 실력을 갖출 것★

114. 음악 작곡★

115. 피아노로 베토벤의 월광곡 연주★

116. 불 위를 걷는 것 구경하기(발리 섬과 남미의 수리남에서 구경했음)★

117. 독사에서 독 빼내기(이 과정에서 사진을 찍다가 등에 마름모 무늬가 있는 뱀에게 물렸음)★

118. 영화 스튜디오 구경★

119. 폴로 경기하는 법 배우기★

120. 22구경 권총으로 성냥불 켜기★

121. 쿠푸(기제의 대피라밋을 세운 이집트의 제 4왕조의 왕)의 피라미드 오르기★

122. 탐험가 클럽 회원으로 가입★

123. 걷거나 배를 타고 그랜드 캐년 일주★

124. 배를 타고 지구를 일주할 것(현재까지 네 차례의 일주를 마쳤음)★

125. 달 여행(신의 뜻이라면 언젠가는!)

126. 결혼해서 아이들을 가질 것(존 고다드는 현재까지 다섯 명의 자녀를 두었음)★

127. 21세기에 살아볼 것(그때가 되면 존 고다드는 일흔다섯 살이 될 것이다)★

"성경을 통독하기", "결혼해서 아이를 가질 것", "보이 스카우트 대원이 되겠다."라는 꿈은 어렵지 않아 보인다. 그러나 "방울뱀의 독을 짠다."(이 과정에서 사진을 찍다가 등에 마름모 무늬가 있는 뱀에게 물린 적도 있다.)라든지 "항공모함에서 비행기를 조정해서 이륙하기"라는 계획은 터무니없거나 실현 불가능해 보였다. "에베레스트 등정" "세계일주" "달 여행"도 마찬가지였다. 하지만 존 고다드는 15세 때 세운 꿈 목록을 끈기 있게 하나하나 이루어 나갔다. 존은 이렇게 고백했다.

> *"나는 틀에 박힌 생활을 하고 싶지 않았고, 끊임없이 나의 한계에 도전하고 싶었습니다. 독수리처럼 말입니다. 127개 항목을 모두 다 이루려고 고민하지는 않았습니다. 중요한 것은 내가 그렇게 살고 싶었다는 것입니다."*

1980년도에 존은 우주 여행사가 되었다.

잃어버린 꿈이 있는가? 다시 되찾아야 한다. 꿈꿔 본 적이 없는가? 지금도 늦지 않았다. 지금 당신이 투자하는 작은 시간이 당신의 삶의 분수령이 될지도 모른다.

경영컨설턴트이자 성공학의 대가인 브라이언 트레이시(Brian Tracy)가 강의하는 내용의 첫 부분에 강조하는 것이 꿈 목록이다.

> *"백만장자가 되고 싶은가? 꿈 목록을 작성하라."*

나 역시 실제로 비전에 대한 강의를 하면서 '꿈의 목록 100가지'를 작성하게 한다. 그러면 참가자 대부분이 절반은 고사하고 20-30개 정도밖에 작성하지 못한다. 우리가 얼마만큼 꿈을 잃고 살아가고 있는지 알게 해 주는 현실이다. 세상에서도 '성공하기 위해서는 꿈을 꾸어야 된다.'라고 강조한다. 하물며 만왕의 왕이신 하나님의 자녀인 우리들이 꿈을 꾸지 않는다는 것은 정말이지 어불성설이다. 늦었다고 시작할 때가 가장 이른 시간이다. 아직도 늦지 않았다. 꿈을 꾸어라. 그 꿈을 목록화 해라. 지금 바로 작성하라.

4. 나의 꿈의 목록

오늘도 나는 꿈을 꾼다. 21세기 한국의 우찌무라 간조(內村鑑三)가 되고 싶다. 그가 성경을 가르친 제자들이 전후 일본을 일으킨 기라성 같은 일꾼들을 배출했던 것처럼 그런 사람들을 키워내고 싶다. 고지가 됐든 미답지가 되었든 어디든지 이 나라를 위한 영적 거인들을 세우고 싶다. 나는 제자들에게 이런 고백을 듣고 싶다.

"최용호 간사님의 도전이 지금의 나를 만들어 주었어요."

내가 쓴 책을 통해서 수많은 젊은이들이 '비전을 찾았다.'라는 고백을 듣고 싶다. 그리고 주를 위해서 변화된 구름같이 허다한 청년들이 일어나는 것을 보고 싶다. 나라와 민족, 세계와 열방을 향한 꿈꾸는 세대를 일으키고 싶다.

한국의 구석구석, 모든 교회와 세계의 모든 청년들에게 비전을 외치는 소리가 되고 싶다. 그들을 향한 하나님의 계획, 비전을 구체적으로 찾을 수 있도록 돕고 싶다. 비전 전도사가 되어서 부르는 곳마다 달려가는 사람이 되고 싶다.

비전 캠프를 통해 매년 만 명이 넘는 청년들과 함께 비전을 나누고 싶다. 그들에게 하나님께서 주신 비전을 이룬 비저너리들의 도전을 듣게 하고 싶다. 구체적으로 자신의 비전을 찾을 수 있는 방법을 나누고 싶다. 그리고 "He can do it. She can do it. Why not me."라고 외친 라이트하우스 월드와이드 솔루션 김태연 회장처럼 모두가 그런 고백을 하는 것을 듣고 싶다.

실천 훈련

1. 당신의 꿈 목록 100가지를 작성해 보라. 처음부터 100가지를 작성하지 못한다고 좌절하지 않아도 된다. 생각나는 대로 하고 싶은 것, 되고 싶은 것, 이루고 싶은 것, 갖고 싶은 것 등을 작성해 보자.

제2장
목표가 분명한 비전을 가져라

V≧D+G(goal)

1. 꿈은 누구나 가지고 있다

"저는 하나님께서 주신 꿈이 있어요!"

좋다. 그렇다면 그 꿈을 이루기 위해 지금 무엇을 하고 있는가? 아무리 좋은 꿈을 가졌어도 오늘 꿈을 위한 행동을 하지 않으면 하나의 헛된 꿈, 즉 망상에 불과하다. 하나의 건물을 쌓아 올리기 위해 그 건물을 쌓아 올릴 단계적 계획이 필요하듯이, 하나님께서 우리에게 주신 꿈을 이루기 위해서도 그에 합당한 순서와 계획이 필요하다.

꿈 역시 먼 미래의 목표라고 할 수 있다. 20년 뒤에 꿈을 이루는 것은 내일의 목표를 이룰 때 가능하다. 20년 뒤에 꿈을 반드시 이루고 싶은 사람이 되고 싶은가? 오늘 하루, 내일 하루에 목표들을 이루어 가라. 자신이 목표하고 계획한 것을 이룰 수 있는 목표 성취 능력을 가진 사람은 몇 년 뒤의 꿈도 반드시 이룰 수 있다. 꿈과 망상의 차이는 계획과 실천의 차이이다. 한 걸음, 한 걸음 없이 산을 정복하는 것은 불가능하다. 어떻게 에베레스트 산을 정복하는가? 한 걸음씩이다. 당신이 있는 위치가 어느 곳이든 좋다. 삼류라도 좋다. 나이가 많아도 좋다. 절대 늦은 시간이라는 것은 없다. 그 자리에 베이스 캠프를 치고 하나님을 깊이 있게 만나고 준비하면 반드시 어디까지든 올라 갈 수 있다. 믿는 자들에게 능치 못할 것이 없다.

그렇다면 무엇부터 어떻게 해야 할까? 첫째, 꿈을 좀 더 명확하고 구체적이고 상세하게 작성하라. 즉 꿈을 목표화하라. 꿈이란 막연하고 추상적이다. 둘째, 꿈과 일치된 중기, 단기 목표를 세워라. 작지만 한 걸음, 한 걸음 나아가야 한다. 셋째, 단기 목표 성취의 흐름을 만들어라. 최초의 목표를 달성하면 다음 번 목표로 매진해야 한다. 장기적인 꿈에 대한 구체적, 긍정적, 세부적 목표를 갖고 있어야 한다. 늘 언제나 염두에 두어야 한다. 그리고 코앞의 목표에 집중해야 한다.

1953년 예일 대학교의 한 연구팀이 그해 졸업반 학생들을 대상으로 분명한 삶의 목표를 글로 써서 가지고 있는 학생이 얼마나 되는지 조사했다. 그들 중 단 3%의 학생들만 글로 쓴 목표를 갖고 있었다. 20년이 지난 1973년, 이들을 대상으로 추적조사가 실시되었다. 글로 쓴 목표를 가지고 있었던 3%의 사람들이 소유한 부는 나머지 97%의 사람들의 모든 재산을 합친 것보다 더 많다는 사실이 확인되었다.[4]

하버드 대학교의 연구 결과도 이와 유사했다. 80%의 학생들은 특별한 목표가 없었고, 15%는 단지 생각만으로 목표를 가지고 있었으며, 나머지 5%에 글로 적은 뚜렷한 목표(데드라인을 정한)를 가지고 있었다. 그 5%에 속한 학생 각자가 이룬 성과를 보았더니 그들 스스로 정한 목표를 능가했을 뿐 아니라 그들이 이룬 것을 전체적으로 보았을 때 나머지 95%를 합친 것보다 더 큰 성과를 이룬 것으로 나타났다.

"목표를 가지고 구체적인 계획을 세우는 사람은 그렇지 못한 사람보다 목표를 성공적으로 달성할 가능성이 3.5배나 높다."

프랭클린 코비(Franklin Covey)도 이렇게 권면한다. 대부분의 사람들은 확실한 목표를 가지고 있지 않다. 한 통계자료에 따르면 아무런 목표

---

[4] 이민규, 『1%만 바꿔도 인생이 달라진다』, 173p, 더난

도 없이 파브르가 관찰한 날벌레 같은 모습으로 살아가는 사람이 전체 인류의 87%에 이른다고 한다. 성공하지 못하는 이유는 기회가 부족하거나 능력이 부족해서가 아니다. 기회를 찾지 못하기 때문이다. 기회는 항상 우리 주위에 있다.

성경에는 불가능에 가까운 목표를 이루어 낸 놀라운 사람을 소개하고 있다.

> "아닥사스다 왕 제이십년 니산월에 왕 앞에 포도주가 있기로 내가 그 포도주를 왕에게 드렸는데 이전에는 내가 왕 앞에서 수심이 없었더니 왕이 내게 이르시되 네가 병이 없거늘 어찌하여 얼굴에 수심이 있느냐 이는 필연 네 마음에 근심이 있음이로다 하더라 그 때에 내가 크게 두려워하여 왕께 대답하되 왕은 만세수를 하옵소서 내 조상들의 묘실이 있는 성읍이 이제까지 황폐하고 성문이 불탔사오니 내가 어찌 얼굴에 수심이 없사오리이까 하니 왕이 내게 이르시되 그러면 네가 무엇을 원하느냐 하시기로 내가 곧 하늘의 하나님께 묵도하고 왕에게 아뢰되 왕이 만일 좋게 여기시고 종이 왕의 목전에서 은혜를 얻었사오면 나를 유다 땅 나의 조상들의 묘실이 있는 성읍에 보내어 그 성을 건축하게 하옵소서 하였는데" (느 2:1-5)

느헤미야는 예루살렘 성벽 재건이라는 분명한 목표가 있었다. 하나님께서 주신 부담감을 가지고 금식하며 가슴을 찢으며 기도했다. 그리고 하나님께 "나에게 은혜를 주옵소서."라고 간청했을 때 술 맡은 관원이 되었다. 그리고 그는 그 목표를 이루기 위해서 치밀하게 준비했다. 그 사실을 우리는 말씀을 통해서 알 수 있다. 왕이 "네가 무엇을 해 주기를 원하느냐?" 라고 물을 때 무엇이 필요하고 어떻게 해 주기를 원하는지 막힘없이 흘러 나왔다는 것은 그가 미리 무엇을 해야 할지 치밀하게 계획하고 준비했음을 알려 준다.

2. 목표 설정 능력을 업그레이드 하라

적어도 한 번은 방학 계획이든 새해 계획이든 무언가 계획과 목표를 세워 본 적이 있을 것이다. 그리고 열심히 계획을 했고 목표를 세웠지만 기억하지도 못하든지, 실제로 달성을 해 보지 못한 실패의 경험을 누구나 다 가지고 있을 것이다.

이 경험은 우리에게 중요한 교훈을 준다. 목표와 계획은 실천하거나 성취하기가 쉽지 않다는 것이다. 다시 말하면 목표 계획과 설정 능력, 그리고 목표 성취에 관한 능력은 하루아침에 얻어지는 것이 아니다. 목표를 설정하는 능력과 성취하는 능력은 훈련되어야 하고 학습되어야 한다. 먼저 목표 설정 능력에 대해서 살펴보도록 하자.

1) SMART하게 목표를 설정하라[5]

① S(specific) - 구체적이고 명확하게 계획하라.
목표 능력을 향상시키기 위해서는 목표가 분명해야 한다. 목표가 구체

---
5) 이민규, 『1%만 바꿔도 인생이 달라진다』, 55p, 더난

적이지 않다면 사람들은 추상화된 상태에서 끝나게 된다. 모호하고 불분명한 목표는 피해야 한다. 지적 함양을 이루자. 무엇이 지적 함양인가? 구체적으로 무엇을 할 것인가? 예를 들어 독서를 하든 세미나에 참석하든 구체적이고 명확하게 해야 한다. '언젠가 부자가 될거야'라는 식의 막연한 목표는 달성 가능성이 희박하다. 부자의 기준은 무엇인가? 목표는 구체적이고 분명할수록 달성 가능성이 높아진다. 예를 들어 '나는 35살이 되는 마지막 날까지 1억을 저축하겠다.' 등이다. 이와 같이 목표는 구체적이고 명확하게 세워야 한다.

② M(measurable) – 측정 가능하게 계획하라

측정 가능한가? 체중을 줄이기로 마음먹은 사람이 목표를 단지 '날씬해지는 것'으로 잡는다면 체중 감량에 실패할 가능성이 높다. 왜냐하면 행동 결과를 측정하고 판단할 수 있는 기준이 모호하기 때문이다. 달성했다는 사실을 확인할 수 있는 오감을 통한 측정 가능한 증거가 있어야 한다. '날씬해지기'라는 측정 불가능한 목표를 '1개월에 1킬로그램씩, 5개월 동안 5킬로그램을 줄인다.'라는 측정 가능한 목표로 바꾸면 그만큼 달성 가능성이 높아진다. 시작할 때 측정할 수 있는 지표를 세워야 한다. 숫자를 넣는다면 훨씬 더 민감하고 분명하게 정할 수 있다. "독서는 일주일에 2권을 하겠다.", "부모님께 한 달에 4번을 전화드리겠다." 등등 특히 단기 목표일수록 측정을 분명히 할 수 있다면 재미를 붙이고 지속하는 데 유리하다.

③ A(Action-oriented) – 행동 중심적으로 계획하라

목표는 사고 중심적인 것이 아니라 행동 중심적이어야 한다. '친절한 사람'이 되는 목표를 갖는다면 이 목표를 달성하는 것이 어렵다. 왜냐하면 거기에는 행위가 명시되지 않았기 때문이다. 따라서 그것을 '지금껏 인사하지 않았던 이웃들에게 날마다 한 번 이상 미소 띤 얼굴로 인사한다.'라는 행동 중심적인 목표로 바꿔야 한다. 즉 사고 중심적인 목표가 아니라, 행동 중심적 목표로 바꾸어야 한다. '돈을 낭비하지 않는다.'는 '매주 월요일 은행에 가서 천 원 이상씩 저축한다.'로 바꾸어야 한다.

④ R(Realistic) – 실현 가능한, R(Resonant) – 장기 목표에 일치되는 단기 목표를 세워라[6]

우리가 세운 목표를 달성하려면 구체적이면서도 실현 가능한 작은 일부터 시작해야 한다. 작은 목표들을 완수하는 훈련을 하다 보면 더 큰 목표도 달성할 수 있다는 자신감을 가질 수 있게 된다. 1년 안에 백만장자가 되겠다거나 6개월 내에 전문의 과정을 마치겠다는 것은 모두 실현 불가능하다. 모든 계단은 한 걸음씩 올라가야 한다.

알코올 중독자 자조모임 금주동맹의 기본 강령 중 하나는 오늘 하루만 금주하기이다. 영원히 금주해야 한다는 각오는 부담이 너무 커서 오히려 금주 계획을 포기하게 만들 수 있다. 내 현실과 완전하게 동떨어진 목표는 첫날부터 어긋나기 쉬우며, 어긋나는 그 순간부터 자신감을 상실하게 되는 주요요인이 된다. 명심하자. 우리의 자신감은 내가 한 약속을 지킴으

---

[6] 양정훈, 『나의 비전 12345』, 비전이란, 네이버 블러그

로써 작은 속 근육처럼 단단해진다.

또 한 가지는 '공명되는가?'이다. '공명'이란 종소리를 연상시키면 된다. 종을 치면 깨지는 쇳소리 대신 아름다운 종소리가 난다. 왜냐하면 '공명'이 되기 때문이다. 이처럼 '자기 삶의 목적'과 일치되는 현재의 작은 목표는 '공명'이 된다. 자신의 심장과 세포 하나하나를 깨운다. 사명과 연결되지 않은 목표는 지속성을 가지기 어려우며 이룬 목표도 자신을 만족시키지 않는 경우가 참으로 많다.

⑤ T(Timely) - 시간 배정을 적절히 하고, T(Thrilling) - 흥분되게 계획하라

성과를 올리지 못하는 사람들의 특징 중 하나는 목표 달성에 소요되는 시간을 적절하게 배분하지 못한다는 것과 즉각 실천하지 않는다는 점이다.

첫째, 데드라인을 설정하되 소요 시간을 너무 짧게 잡지 말라. 예상치 못한 문제는 언제든지 일어날 수 있기 때문에 돌발 상황을 고려해 약간 여유 있게 시간을 배정해야 한다.

둘째, 그렇다고 데드라인을 너무 길게 잡으면 안 된다. 너무 촉박하게 잡아도 문제지만 지나치기 길게 잡는 것도 목표 달성을 어렵게 한다. 왜냐하면 사람들은 마감 시간에 맞춰 자신의 행위를 조절하되 대개는 시간이 많을 때 더 나태해지기 쉽기 때문이다.

셋째, 목표를 설정한 뒤에 "여유가 생기면" 또는 "언젠가"라는 막연한 말로 시작을 미루어서는 안 된다. 적어도 계획의 시작 부분은 반드시 즉시 실행할 수 있어야 한다.

우리를 흥분시키는 것은 기존의 내 모습보다 더 나은 모습을 연상시켰을 때이다. 즉 현재의 나의 능력으로도 충분히 할 수 있는 예상 가능한 목표는 스스로를 흥분시키지 않는다. 예를 들어 올림픽 금메달리스트인 장미란 선수가 집에서 10킬로그램의 아령을 드는 것이 목표라면? 물론 구체적이고, 측정가능하고, 책임질 수 있고 자신이 즐겨하는 일이지만 이것을 이루면 비전을 이루었다고 할 수 있을까?

내가 평상시에 그래도 한 달에 한 권 정도는 책을 읽는 사람인데 목표를 한 달에 한 권으로 잡는다면 가슴이 뛰겠는가? 이미 기존의 자신의 습관대로 살아도 한 달에 한 권 정도는 어렵지 않게 읽을 것이 예상되는데 그것을 이룬다고 자신의 기존의 모습보다 더 나아지겠는가? 현재 내가 할 수 있는 능력보다 조금 더 나은 목표치를 가질 때 우리는 그것을 이룰 자신의 모습을 생각하고 가능성에 도전하게 되는 것이다.

'Realistic(실현 가능하게)', 이 단어는 'Thrilling(흥분되게)'과 서로 균형을 잡아 주고 있다. 현실에 뿌리 두지 않으면 몽상이요, 낮은 목표를 가지면 소인이 되는 셈이다. 즉 우리의 목표는 현실에 뿌리를 튼튼히 박고 있으면서도 시선은 하늘의 무한한 가능성을 향해 쭉 뻗어 가야만 한다.

2) 나의 자기 강화 프로그램

심리학에 자기 강화라는 개념이 있다. 어떤 목표를 정하고 그것을 이루었을 때 자신에게 보상을 하고 이루지 못했을 때 처벌을 함으로써 자신이 원하는 목표나 습관을 만들어 가는 방법을 말한다. 주일학교에서 하는 달란트 개념이 이와 유사한 개념이라 할 수 있다.

대학생 선교회의 간사가 되고 나서부터 지금까지 나 역시도 자기 강화 프로그램을 실시하고 있다. 나의 삶에 중요하다고 생각되는 8가지 영역을 선택했다. 그리고 매일매일 점검할 수 있도록 목록로 만들었다. 각 영역마다 적어도 하루에 30분 이상 시간을 투자하는 것이 원칙이다. "기말운영묵시독전" 이것이 매일 나를 점검하는 목록의 명칭이다.

기도 : 하루의 최고의 우선순위를 두어서 골방에서 하나님을 만나 기도하는 시간을 갖는다. 가장 좋은 방법은 새벽 기도를 하는 것이지만 꼭 그렇지 않더라도 하루 중에 최우선순위로 골방의 시간을 갖는다.

말씀 : 성경통독을 하루에 3장 주말에 5장을 목표로 꾸준히 말씀 통독을 한다. 한글과 영어로 통독을 한다. 말씀이 없이는 영성도 없다.

운동 : 사역자가 체력이 약하면 사역이 불가능하다. 좋아하는 운동이기에 수영을 택했다. 그래서 매일 시간을 내서 수영장에 꼭 간다. 그리고 차를 타고 움직이는 시간이 많아서 만보기를 지니고 다니면서 하루에 걸은 양을 체크한다.

영어 : 자투리 시간에는 단어암기를 한다. 집에서는 흘려듣기, 집중듣기 등의 방법으로 테이프를 틀어 놓는다. 재미있는 원서들도 읽는다.

묵상 : 매일 하는 묵상을 깊이 있게 한다. 그래서 성경연구가 될 수 있도록 하고 이 묵상한 것을 토대로 설교를 준비한다.

시간표 : 프랭클린 다이어리를 사용하면서 적어도 하루에 3번 이상 다이어리를 체크하도록 노력한다. 메모하는 것을 습관화한다.

독서 : 늘 언제나 어디에 가더라도 책을 꼭 지니고 다닌다. 그래서 조금씩이라

도 책을 읽는 습관을 들였다. 한 달에 10권 이상을 읽는 것을 목표로 한다.

전도 or 전화 연락 : 전도모임에 참석해서 매일 1명 이상을 전도하려고 노력한다. 그리고 소중하고 귀한 사람들에게도 매일 1명 이상 전화한다.

위와 같은 방법으로 하는데 하루에 30분 기준이 1점이다. 그리고 매달 말에 평가를 한다. 성과를 측정하고 평가하는 방법으로는 각 항목들의 점수들을 통해서 평가한다. 얼마나 균형 있게 원하는 목표들을 이루었는지를 살핀다. 그래서 부족한 부분은 다음 달에 조금 더 집중해서 습관이 될 수 있도록 노력한다. 그리고 보상으로는 내가 가장 좋아하는 선물을 스스로에게 한다. 24점당 한 권씩 다음 달에 책을 살 수 있는 보상 기준을 정했다. 한 달에 240점이면 책 10권을 살 수 있다.

3. 목표 성취 능력을 업그레이드 하라

1) 세운 목표를 이루기 위해 계획하라

나름대로 목표를 갖고 있다고 할지라도 그것을 성취하는 것은 참으로 어렵다. 왜 세운 목표를 이루지 못하는 것일까? 스마트한 목표를 세웠다면 이제 그 목표를 이루기 위한 좋은 계획이 있어야 한다. 제대로 된 계획을 세우지 못한다면 그 목표는 결코 이룰 수 없을 것이다. 실패할 수밖에 없는 계획과 성공 가능성이 높은 계획의 차이가 무엇일까?

① 단기, 중기, 장기 계획을 세워라

목표를 세웠으면 이제는 그것을 이루기 위한 계획이 필요하다. 언제까지 어떤 방식으로 그 일들을 이룰 것인지 고민해야 한다. 스마트하게 측정 가능한 목표가 정해졌다면 이제 그것을 어떤 방식으로 이룰 것인지 구체적인 내용이 있어야 한다. 목표를 이루기 위해 얼마만큼 삶을 구조화시키느냐가 그 목표를 이룰 수 있는 성취 여부와 직결된다. 특별히 계획은 장기, 중기, 단기 계획이 필요하다. 데드라인이 정해졌으면 그것을 세분화시켜서 그 기간에 필요한 만큼의 목표들을 세우고 그 목표를 이루기 위한 계획을 가져야 한다. 특별히 단기의 목표들을 이루기 위해서 집중해야 한다. 왜냐하면 목표를 이루기 위해서는 한 걸음 한 걸음이 중요하기 때문이다.

② 실현 가능한 계획을 세워라

비전에 대해 강의하면서 1년에 4번씩 목표를 세우고 계획을 세우라고 권면한다. 그러면 대부분 학생들이 제일 먼저 만드는 것이 시계형 계획표이다. 이런 계획표에는 대개 아침 기상부터 저녁에 잠들 때까지 해야 할 여러 가지 일들로 빡빡하게 채워져 있다. 이처럼 지나치게 많은 내용을 계획표에 포함시키면 실천하기 어렵다. 계획을 성공적으로 실천하려면 무엇보다도 처음부터 무리한 계획을 세우지 말아야 한다. 처음에는 별다른 노력을 기울이지 않고도 달성할 수 있는 정도만을 계획에 포함시켜야 한다.

③ 과제 중심적 계획을 세워라

많은 학생들이 계획을 짤 때 '8시에서 9시까지 QT, 9시부터 10시까지 영어 공부'식으로 계획표를 짠다. 그러나 중요한 것은 양이지 시간이 아니다. 장사하는 사람에게 가게를 몇 시간 열어 놓았느냐보다 중요한 일은 얼마나 많이 팔았느냐이다. 이처럼 시간 중심적인 것보다 과제 중심적, 즉 '1시간 영어 공부'보다는 '영어 단어 30개 외우기'식으로 짜는 것이 더 효율적이다. 과제 중심적 계획은 그 일을 빨리 끝마치기 위해 전력투구하게 되고 주의 집중을 하기 때문에 효율성이 증가한다.

④ 재미있는 계획을 세워라

지켜지지 않는 계획표들의 대부분은 너무나 욕심을 내기 때문인 경우가 많다. 이런 계획표들은 들여다보고만 있어도 숨이 막힌다. 계획표 속에는 자기가 즐길 수 있는 일들이 포함되어 있어야 한다. 계획 실천에 번번이 실패한 사람이라면 처음에는 자기가 좋아하는 일들 중심으로 계획표를 작성하라. 이것은 실천 가능성이 높으며, 계획대로만 하게 되면 자기 통제감이 증가된다. 이것이 가능해지면 점차 생산적인 일들을 계획 속에 포함시키고 조금 더 목표들을 높혀 나갈 수 있게 해 준다.

2) 계획과 목표를 공개하고 선언하라

성경은 '오른손이 하는 일을 왼손이 모르게 하라'고 우리에 선행에 대하여 권면한다. 하지만 목표를 이루기 위해서는 오른손이 하는 일을 왼손이 알게 해야 한다. 목표를 계획하지 않는 가장 큰 이유는 목표를 이루지 못했을 때 오는 좌절과 실패감, 그리고 체면 때문이다. 그렇기 때문에 더더욱 잘

못된 습관을 고치기로 결심을 했거나 새로운 목표를 달성하고자 한다면 그 계획을 많은 사람들에게 더더욱 공개해야 한다. 목표를 설정하면 친구, 가족 등 많은 사람들에게 공개하라. 특히 체면을 지켜야 하는 사람들에게 공개하면 더 효과적이라고 한다. 결심을 쉽게 번복하고 싶다면 은밀하게 실행하라. 그러나 성공적으로 실행에 옮기고 싶다면 다른 사람들 앞에 선언하라.[7]

3) 목표를 문설주에 새겨라

목표 설정이 끝나자마자 바로 그것을 시작할 계기를 만들어야 한다. 1월 새해에만 계획을 기획하고 잊어버리고 사는 것이 아니라 계획과 목표는 매일매일 업그레이드되어야만 한다. 어떤 형태로든 그것을 성취하기 위한 행동을 취하지 않고는 하루를 보내지 않겠다고 다짐해야 한다. 그것은 매일 시간을 정해 놓고 목표에 대해 생각하는 것일 수도 있고, 적어도 한 가지씩 매일 실행하는 것일 수도 있다.

참으로 원하는 것이 있다면 그것에서 눈을 떼지 말아야 한다. 매일 목표와 관련된 책을 구입해서 읽고, 정보를 수집하고, 그 분야에서 성공한 사람들에 대해 생각하고, 인터뷰해야 한다. 산책을 하면서, 출퇴근 시간에도, 화장실, 목욕탕에서도 목표와 관련된 생각을 하라.

가장 잘 볼 수 있는 곳에 목표를 적어서 부착하라. 냉장고, 화장실, 책상 앞, 화장대 앞, 핸드폰, 다이어리 등 자신의 눈에 하루에 한 번 이상은 꼭 볼 수밖에 없도록 만들어라. 말씀으로 도배한 집을 본 적이 있다. 당신

---
7) 이민규 〈1%만 바꿔도 인생이 달라진다〉 –68p. 더난

은 이제 성공의 법칙을 알았다. 다만 그것을 당신의 삶에 적용하고 실천하느냐 하는 것은 이제 당신의 몫이다.

4) 끈기의 기술을 배워라

목표를 정했지만 그것을 실천하고 달성하는 것은 정말 쉽지 않다. 무엇인가 목표를 세우지만 작심삼일로 끝나는 경험을 하고 나면 다시 목표를 세우고 도전한다는 것은 참으로 어려운 일이다. 실패를 여러 번 경험하고 나면 다시 도전할 엄두가 나지 않는다. 그리고 자신에 대한 실망감과 함께 '나의 의지는 왜 이렇게 약한 걸까? 의지 박약아인가?'하며 자신을 사랑하기가 어려워진다.

목표를 이루는 것은 의지의 문제이기도 하지만 더 정확하게 말하면 시스템의 문제이다. 이시다 준의 『끈기의 기술』이라는 책을 보면 우리가 꾸준히 하고자 하는 행동, 즉 목표 행동은 크게 두 가지 유형으로 분류할 수 있다. 첫째는 영어 회화나 근육단련처럼 "부족행동 늘리기"이다. 두 번째는 금연, 식사조절 다이어트 같이 "과잉행동 줄이기"이다. 이시다 준은 끈기를 발휘하기 위해 "두 가지 기본조건을 갖추면 된다."라고 말한다.

첫 번째는 "목표 행동을 유도하는 환경을 구축한다."라는 것이다. 예를 들면 '조깅'을 꾸준히 하고 싶다면, 운동복을 눈에 잘 띄는 일정 장소에 미리 준비해 두어 조깅을 하고 싶을 때 바로 운동복으로 갈아입고 나갈 수 있도록 한다. 또 조깅을 하기로 한 바로 그 시간에 좋아하는 TV 프로그램을 보느라 몸과 마음을 빼앗기는 일이 없도록, 조깅시간을 좋아하는 프로그램이 방영되는 시간과 겹치지 않도록 한다.

두 번째는 "목표 행동을 방해하는 라이벌 행동의 발생을 조절한다."라는 것이다. 예를 들어 흡연이라는 과잉행동을 부추기는 조건을 과감하게 배제한다. 다시 말해 흡연자가 많이 모이는 장소는 되도록 피한다. 또 흡연자들 대신 비흡연자들과 어울린다.

꾸준히 할 수 있는 최고의 방법은 하고 싶은 목표를 지속적으로 할 수 있는 시스템을 구축하는 것이다. 어떻게 운전면허증을 발급받았는가? 보통은 운전학원을 다니면서 꾸준히 연습을 하기에 가능한 것이다. 무언가 하고 싶은 목표가 있는가? 그렇다면 지속적으로 할 수 있는 곳에 계속 나를 노출시키고 의무적으로 할 수 있게끔 만들어야 한다. 매일매일 큐티를 하기로 마음먹었다면, 큐티를 하는 그룹에 들어가서 매일 같이 큐티를 하도록 시스템을 구축하든지, 큐티 인터넷 클럽에 들어가서 매일 큐티를 올리는 방법 등으로 시스템을 구축할 필요가 있다는 말이다.

5) 목표 달성 100%의 환상을 깨라

프로야구 최정상의 타자들의 타율은 3할 5푼의 수준이다. 다시 말해 열 번 타석에 나와서 네 번의 안타를 치는 것도 매우 어렵다는 뜻이다. 꿈과 비전을 가진 사람들은 이 자료들을 주의 깊게 볼 필요가 있다. 우리가 꿈과 비전을 현실의 삶 속에서 이룩하기 위해 설정하는 목표들도 이와 마찬가지이기 때문이다. 목표를 35% 달성한다는 것은 굉장한 성공이다.[8] 이

---

8) 강헌구, 『아들아 머뭇거리기에는 인생이 너무나 짧다』, 208p, 한언

결과에 대해 '나는 35점짜리 인생이다.'라는 잘못된 생각을 버려야 한다. 목표를 행동으로 옮기지 못하는 가장 큰 원인 중 하나가 바로 자기 비하에 따른 중도포기이다. 만약 그 목표조차 세우지 않았더라면 35%도 성취하지 못했을 것이라는 사실을 명심해라.

목표는 하나의 이상이다. 그리고 이상은 현실이 아니다. 따라서 모든 목표를 반드시 100% 달성해야 한다는 생각은 버려도 좋다. 또 목표를 100%에 달성하지 못했다고 해서 '나는 실패자'라고 자기 자신을 비하해서도 안 된다. 야구와 마찬가지로 35%면 최정상이다. 시작이 반이라고 했으니 50%를 가산할 수도 있다. 단 크고 멋진 비전을 바라보는 사람이라면 좀 더 타율을 올리기 위해 오늘도 내일도 있는 힘을 다하면 된다.

실천 훈련

지금 당장 스마트하게 자신의 비전에 관한 단기계획과 목표를 작성해 보자. 목표 설정과 목표 성취 능력은 하루 아침에 얻어지는 것이 아니다. 꾸준히 하고 지속적인 관심을 쏟을 때 가능해진다. 올 한 해 계획을 기억하는가? 지금이라도 이번 달 계획부터 다시 시작해 보자.

제3장
목적이 있는 비전을 가져라
V≧D+G+P(purpose)

1. 꿈이 비전인가? 목표가 비전인가?

비전에 대해 이야기하기 위해서 비전의 요소인 꿈과 목표에 대해 먼저 설명해야만 했다. 그런데 과연 꿈이 비전일까? 목표가 비전일까? 꿈을 비전이라 하기에는 무언가 부족하다. 목표를 비전이라 하기에도 무언가 부족하다. 요셉이 이집트의 국무총리가 되기 위한 꿈을 꾸었을까? 요셉이 꾼 꿈은 해와 달과 별이 자신에게 절하는 꿈이었지 이집트의 국무총리가 되는 꿈이 아니었다.

요셉이 그 당시 세계의 중심이라 할 수 있는 곳인 이집트의 국무총리가 되기 위한 목표를 세우고 그 목표를 달성하기 위해서 이집트 언어를 준비했던가, 이집트로 유학을 떠났는가? 그렇지 않다는 사실을 우리는 잘 알고 있다. 다윗은 어떤가? 다윗의 꿈과 목표가 이스라엘 왕이 되는 것이었을까? 그가 이스라엘 왕이 되기 위한 목표를 세우고 정치에 입문했는가?

비전을 찾기 위해서는 꿈을 꾸어야 한다. 그리고 꿈을 분명하고 정확하게 목표화해야 한다. 목표를 달성하는 능력을 습득해야 한다. 그러나 그 이전에 더욱 중요한 것은 왜 그런 꿈을 꾸는지 명확한 이유와 동기가 있어야 한다. 꿈과 야망의 차이가 여기에서 갈라지기 때문이다.

2. 우리 삶의 목적이 무엇인가?

비전에 대해 알기 위해서는 꿈과 목표의 이유를 알아야 한다. 즉 목적을 알아야 한다. 왜 그것이 되고 싶은가? 왜 그것을 이루려고 하는가? 하나님께서는 중심을 보시기 때문이다. 동기를 보기를 원하신다. 세계 100대 CEO가 되고 싶다는 목표를 세웠다. 그렇다면 왜 그것이 되고 싶은가? 그 목적이 올바라야 한다. 무엇 때문에 그 꿈을 꾸고 목표를 세웠는가? 그 꿈과 목표에 대해서 끊임없이 왜? 라고 묻고 대답해야 한다.

1929년 겨울, 시카고의 에지워터 비치호텔에서 미국 경제계의 거두들이 참석하는 중요한 대책 회의가 열렸다. 그 회의에 참석한 사람들은 그야말로 미국과 세계경제를 한 손에 쥐고 좌지우지할 수 있는 힘을 가진 사람들이었다. 참석자들의 명단은 다음과 같다.

① 최대의 철강회사 US Steel 사장
② 최대의 공익사업 Utility 회사 사장
③ 미국 최대의 가스회사 사장
④ 뉴욕 증권거래소 사장
⑤ 미국 연방정부의 한 각료
⑥ 월 스트리트에서 가장 영향력 있는 증권업자
⑦ 세계에서 가장 큰 독점기업의 회장
⑧ 국제 청산은행 BIS 은행장

당시 이들은 출세했고 최정상의 성공한 사람들이었다. 그렇지만 과연 이들의 인생이 끝까지 성공하고 행복한 삶이었을까? 나중에 알려진 바에 따르면 그들의 인생은 결코 성공적이지 못했다. 아니, 그들의 인생말로는 처참했다. 그 회의가 있었던 날로부터 22년 후, 세계 최대의 철강회사 사장이었던 찰스 슈와브(Charles Schwab)는 파산하여 죽었고, 미국 최대의 공익사업 회사 사장이었던 사무엘 인술(Samuel Insull)은 무일푼의 범죄자가 되었다. 그리고 세계 최대의 가스회사 사장이었던 하워드 홉슨(Howard Hopson)은 정신이상자가 되었고, 뉴욕증권거래소의 사장이던 리처드 휘트니(Richard Whitney)는 형무소에 수감되었으며, 미국연방정부 장관이던 앨버트 폴(Albert Fall)은 수감되었다가 사면되어 집에서 생을 마감했다. 또한 뉴욕 월스트리트의 최고의 실력을 자랑하던 이새 리버모어(Jesse Livermore)와 세계에서 가장 큰 독점기업의 회장이던 이반 쿠뤼거(Ivan Krueger), 그리고 청산은행의 은행장이던 레온 프레이저(Leon Fraser)는 모두 자살했다.[9]

기도 없이 성공한 것은 그 성공 때문에 망한다는 말이 있다. 무엇이 성공인가? '낮은 데서 일으켜서 크게 되는 것', '출세를 하고 사회적 지위를 얻는 것'이 과연 성공일까? 성경에는 성공이라는 단어가 한 번 나온다.[10]

> "철 연장이 무디어졌는데도 날을 갈지 아니하면 힘이 더 드느니라. 오직 지혜는 성공하기에 유익하니라." (전 10:10)

장경동 목사는 "성경에서는 '성공'이라는 개념 대신에 '승리'라는 말을 사용한다." 라고 이야기한다. 성공의 반대는 실패이지만 승리의 반대는 패배이다. 승리는 겨루어서 이기는 것이고, 패배는 싸움에서 지는 것이다. 즉

---
9) 강헌구, 『아들아 머뭇거리기에는 인생이 너무 짧다』, 82p, 한언.
10) 장경동, 『성공의 사다리』, 14p, 누가.

세상은 '성공하느냐? 실패하느냐?'를 문제 삼지만 믿는 자들에는 '승리하느냐? 패배하느냐?'를 더욱 중요하게 생각한다는 것이다.

우리 인생의 목적은 이 땅 가운데 하나님의 방식으로 승리하는 데 있다. 우리는 세상이 말하는 성공을 꿈꾸는 것이 아니다. 정직하지 않고 패악한 이 땅에서 정직과 성실로, 하나님의 방식으로 승리하는 삶이 우리의 목적이다.

3. 다니엘의 승리

"다니엘이 든 굴에 가까이 이르러서 슬피 소리 질러 다니엘에게 물되, 살아 계시는 하나님의 종 다니엘아 네가 항상 섬기는 네 하나님이 사자들에게서 능히 너를 구원하셨느냐 하니라, 다니엘이 왕에게 아뢰되 왕이여 원하건대 왕은 만수무강 하옵소서 나의 하나님이 이미 그의 천사를 보내어 사자들의 입을 봉하셨으므로 사자들이 나를 상해하지 못하였사오니 이는 나의 무죄함이 그 앞에 명백함이오며 또 왕이여 나는 왕에게도 해를 끼치지 아니하였나이다 하니라. 왕이 심히 기뻐서 명하여 다니엘을 굴에서 올리라 하매 그들이 다니엘을 굴에서 올린즉 그의 몸이 조금도 상하지 아니하였으니 이는 그가 자기의 하나님을 믿음이었더라. … 내가 이제 조서를 내리노라 내 나라 관할 아래에 있는 사람들은 다 다니엘의 하나님 앞에서 떨며 두려워할지니, 그는 살아 계시는 하나님이시요 영원히 변하지 않으실 이시며 그의 나라는 멸망하지 아니할 것이요. 그의 권세는 무궁할 것이며 그는 구원도 하시며 건져내기도 하시며 하늘에서든지 땅에서든지 이적과 기사를 행하시는 이로서 다니엘을 구원하여 사자의 입에서 벗어나게 하셨음이라 하였더라." (단 6:20-23, 26-27)

다니엘은 포로로 잡혀갔던 사람이었다. 세상의 기준으로 실패한 사람이다. 포로로 살아간다는 것은 말이 포로이지 정말로 쉽지 않은 현실이었을 것이다. 그러나 그런 그를 하나님께서는 역동의 격변기의 한 가운데에서 바벨론 왕의 조언자이자, 셋째 치리자로, 메대 국의 총리로까지 세우셨다.

어떻게 그가 승리하는 삶을 살았는지 성경은 우리에게 큰 교훈을 주고 있다. 그를 시기한 다른 총리와 방백들이 다니엘을 고발할 근거를 찾는다. 털어서 먼지 안 나는 사람이 없음에도 불구하고 국사에 대하여 다니엘을 고발할 근거를 찾다가 찾지 못한다. 하나님의 율법에서 근거를 찾지 못하면 아무 그릇됨이 없고 아무 허물도 없었기에 그들은 결국 다리오 왕에게 왕 외에 다른 신을 섬기지 말라고 조서를 내리도록 간청한다. 조서가 내려지고 금지되었음에도 불구하고 다니엘은 하나님께 기도하고 이 일로 인해 사자 굴에 던져지게 된다. 하지만 하나님의 보호하심으로 살아났고 오히려 그를 참소하던 자들이 사자 굴에 던져져 죽임을 당하게 된다.

위에 나오는 본문은 다리오 왕이 사자굴에 던진 다니엘 때문에 금식을 하고 오락을 금하고 밤새 잠도 자지 못한 채 새벽에 달려가서 다니엘이 들어간 사자굴을 향해 외친 내용이다. 이 내용을 볼 때마다 감동이 온다. 이방인의 왕인 그가 다니엘을 그토록 아끼는 모습에도 감동을 받는다. 하나님을 믿지 않는 사람들에게도 하나님의 백성이라 인정받는 모습과 그 이방인의 왕에게서 고백 되는 내용을 보면서 참으로 감동이 몰려온다.

"다니엘의 하나님 앞에서 떨며 두려워하라. 그는 살아 계신 하나님이시다. 영원히 변하지 않으실 이시다. 그의 나라는 멸망하지 않을 것이다. 그의 권세는 무궁할 것이다. 그는 구원도 하시며 건져내기도 하신다. 하늘에서든지 땅에서든지 이적과 기사를 행하시는 이시다."

이것이 바로 우리의 비전이다. 크리스천의 비전이다. 하나님의 우리를 향한 계획이다. 우리의 삶과 생활, 인생의 모습을 통해서 믿지 않는 수많은 세상 사람들이 우리를 향해 이와 같이 이야기 하게끔 하는 것이 우리의 승리이고 비전이다. 우리 삶의 목적이다. 우리의 삶을 통해 전도하고 우리 삶을 통해 하나님께 영광을 돌려야 한다.

'너를 보니 하나님이 살아 계신다. 너를 보니 네가 믿는 하나님이 상천하지의 하나님이시다. 능히 구원하실 하나님이시다. 영원히 변치 않으시는 하나님, 그의 나라는 멸망하지 않고 권세가 무궁하고 오직 유일한 구원자 되시는 하나님이시다.'

이러한 고백을 듣는 것이 참된 승리의 삶이다. 당신의 삶을 통해 이런 영광을 하나님께 돌리고 싶지 않은가? 꿈을 꾸자. 비전을 위해 하나님께 간구하자. 하나님께서는 우리를 사랑하시며 우리를 통해 놀라운 일을 이루시고 싶어 하신다. 하나님께서는 늘 언제나 사람을 통해 일하신다. 동역자를 찾고 계신다. 하나님께 붙들린 사람을 통해 하나님 나라의 확장을 일구어 가신다.

4. 하나님의 사람들을 향한 도전

성경에 나오는 하나님의 사람들을 통한 이러한 도전은 끝이 없다.

1) 세상이 우리로 인해 하나님의 사람이라 인정하게 하라

> "바로가 그의 신하들에게 이르되 이와 같이 하나님의 영에 감동된 사람을 우리가 어찌 찾을 수 있으리요 하고 요셉에게 이르되 하나님이 이 모든 것을 네게 보이셨으니 너와 같이 명철하고 지혜 있는 자가 없도다." (창 41:38-39)

바로 왕이 요셉에게 한 말이다.

"너만큼 하나님의 영에 감동이 된 사람이 없다. 너와 같이 명철하고 지혜 있는 자가 없다."

세상은 하나님의 사람을 필요로 한다. 하나님의 영에 감동된 사람들을 필요로 한다. 우리가 이 세대의 대안이 되어야 한다.

> "아비멜렉이 그 친구 아훗삿과 군대 장관 비골과 더불어 그랄에서부터 이삭에게로 온지라 이삭이 그들에게 이르되 너희가 나를 미워하여 나에게 너희를 떠나게 하였거늘 어찌하여 내게 왔느냐 그들이 이르되 여호와께서 너와 함께 계심을 우리가 분명히 보았으므로 우리의 사이 곧 우리와 너 사이에 맹세하여 너와 계약을 맺으리라 말하였노라 너는 우리를 해하지 말라 이는 우리가 너를 범하지 아니하고 선한 일만 네게 행하여 네가 평안히 가게 하였음이니라. 이제 너는 여호와께

복을 받은 자니라." (창 26:26-29)

이삭의 삶을 통해 아비멜렉과 그 친구 아훗삿과 군대 장관 비골 등이 나와서 이삭에게 고백하는 내용이다.

"여호와께서 너와 함께 계심을 우리가 분명히 보았다. 그렇기에 너와 맹세하고 계약을 맺고 싶다. 우리를 해하지 말라. 우리가 너에게 잘못하고 악을 행해도 너는 우리를 범하지 않고 선한 일만 우리에게 행하여 주었다. 너는 여호와께 복을 받은 사람이다."

우리의 삶 가운데 분명하게 역사하시는 하나님이 보여져야 하는 것이 우리의 삶의 목적이다. 살아야 할 이유이다.

악을 선으로 갚으시고 우리의 삶을 통해 전도에 미련한 방법을 통해 세계와 열방에 하나님 나라의 확장을 꿈꾸시는 것이 하나님의 방법이다. 세상이 우리를 인정하게 하자.

2) 세상이 우리로 인해 하나님을 경외하게 하라

"성벽 역사가 오십이 일 만인 엘룰월 이십오일에 끝나매 우리의 모든 대적과 주위에 있는 이방 족속들이 이를 듣고 다 두려워하여 크게 낙담하였으니 그들이 우리 하나님께서 이 역사를 이루신 것을 앎이니라." (느 6:15-16)

느헤미야는 불가능에 가깝고 이미 실패했던 경험이 있는 예루살렘 성벽 재건을 단 52일만에 이루었다. 처음에는 조롱하고 비웃었던 주변 민족들이 성벽 재건이 이루어진 것을 보며 다 두려워했고 크게 낙담했다. 그 이유가 하나님께서 이 역사를 이루신 것을 알았기 때문이었다.

고대에는 예루살렘이 훼파되고 무너졌다는 것은 단지 한 도시, 한 나라가 망했다는 것이 아니다. 그들의 신이 망했다고 생각했다. 느헤미야가 가슴을 찢고 아파하고 금식했던 이유는 동족의 아픔도 있었지만 하나님의 이름이 망령되이 일컬어지는 아픔이 컸기 때문이었다. 다윗 또한 마찬가지이다. 그가 골리앗을 보며 분하여 싸웠던 이유는 "할례 받지 않은 블레셋 사람이 누구이기에 살아 계시는 하나님의 군대를 모욕하겠느냐"(삼상 17:26)라는 것이었다. "오늘 내가 너를 죽여서 이스라엘에 하나님이 계신 줄 알게 하겠다."라는 것이 당찬 다윗의 고백이었다.

여호와를 경외하는 것이 지혜의 근본이라고 잠언에서는 지속적으로 이야기한다. 살아 계시는 하나님이 우리와 동행할 때 세상은 우리를 보며 살아 역사하시는 하나님을 볼 수 있다. '하나님이 없다. 하나님은 죽었다.'라고 살아 계시는 하나님을 모욕하는 이들에게 우리를 통해 역사하시는 하나님을 보게 하자. 그리고 그들이 진정으로 하나님을 두려워하며 경외할 수 있게 하자.

> "말하되 여호와께서 이 땅을 너희에게 주신 줄을 내가 아노라 우리가 너희를 심히 두려워하고 이 땅 주민들이 다 너희 앞에서 간담이 녹나니 이는 너희가 이집트에서 나올 때에 여호와께서 너희 앞에서 홍해 물을 마르게 하신 일과 너희가 요단 저쪽에 있는 아모리 사람의 두 왕 시혼과 옥에게 행한 일 곧 그들을 전멸시킨 일을 우리가 들었음이니라. 우리가 듣자 곧 마음이 녹았고 너희로 말미암아 사람

> 이 정신을 잃었나니 너희의 하나님 여호와는 위로는 하늘에서도 아래로는 땅에서도 하나님이시니라." (수 2:9-12)

기생 라합은 이방인이다. 그의 고백처럼 세상이 우리 하나님을 이렇게 고백할 수 있게 하는 것이 우리의 목적이고 사명이다.

"당신들을 보니 하나님께서 살아계신 것 같습니다. 우리가 다 간담이 다 녹았고 당신들의 하나님께서 하신 놀라운 일을 보았습니다. 당신들의 하나님이 진정한 하나님이십니다."

성도라면 이런 말을 들어야 한다. '성도'라는 구별된 자로서 살아가는 것, 세상의 방식과 가치관과는 전혀 다르게 살아가는 것, 그래서 사람들이 우리들에게 도대체 왜 그렇게 살아가느냐고 묻게끔 하는 삶을 살아가는 것이 우리의 목적이다. 하나님께서는 우리를 통해 그분이 살아 계시고 사랑이라는 사실을, 그리고 참된 삶의 이유와 방법과 목적과 구원을 보여 주기 원하신다.

5. 빛의 사명

우리가 세상에서 승리하는 것을 다른 말로 하면 '세상의 빛과 소금'이 되라는 말씀과 같다. 이것을 한 단어로 '영향력'이라 할 수 있다. 세상은 빛을 원한다. 소금을 원한다. 하나님으로부터 오는 올바른 영향력을 발휘하는 삶을 살기를 원한다. 이것이 우리의 삶의 목적이다.[11]

---
11) 전병욱, 『비전무릎』, 248p, 규장.

먼저 빛에 관한 성경 말씀을 보자.

"너희는 세상의 빛이라 산 위에 있는 동네가 숨기우지 못할 것이요. 사람이 등불을 켜서 말 아래 두지 아니하고 등경 위에 두나니 이러므로 집안 모든 사람에게 비추느니라. 이와 같이 너희 빛을 사람 앞에 비추게 하여 저희로 너희 착한 행실을 보고 하늘에 계신 너희 아버지께 영광을 돌리게 하라." (마 5:14)

성경은 우리에게 두 가지에 사명이 있다고 가르친다. 첫째는 빛의 사명이다. 빛이면 등경 위에 있어야 한다. 그래야 많은 사람에게 비치기 때문이다. 영향력을 강하게 발휘하기 위해서이다. 내가 어두우면 다른 사람에게 영향을 줄 수 없다. 그러니 내가 밝아야 한다. 그 다음에는 등경 위로 올라가야 한다. 핵심으로 가야 한다. 우리를 내세우고 자랑하는 것이 아니다. 하나님의 말씀을 빛과 같이 강력하게 외치자는 것이다. 그래서 밑에 있는 어두움의 세력들을 다 물리쳐 버리고 하나님의 나라를 만들어야 한다. 우리는 이것을 위해서 부르심을 받은 자들이다.

이것은 김동호 목사님이 말한 고지론과 맥을 같이 한다.

"전쟁에서 고지를 점령하면 최소 3배에서 5배의 전략적 우위를 점하게 됩니다. 이 땅에 그리스도인들이 많지만 세상 속에서 그 영향력을 제대로 발휘하고 있지 못한 이유는 바로 고지를 점령하지 못했기 때문입니다. 곧 세상 사람들로 하여금 하나님의 말씀을 따라 사는 사람들이 되게 하려면 하나님의 말씀에 따라 사는 하나님의 사람들이 먼저 선두(고지)에 서야 큰 영향력을 행사할 수 있다는 말입니다. 물론 예수님은 우리에게 낮아지라고 말씀하셨습니다. 그러나 예수님이 낮아지라고 하신 것은 실력이 아니라 자세입니다. 진정으로 예수님이 말씀하시는 낮아지는 사람이 되기 위해서는 먼저 우리가 실력을 높이는 그리스도인들이 되어야 합니다. 세상 사람들은 자신의 인간적인 야망을 위하여 고지를 정복하려고 힘쓰지만 우리 예수 믿는 사람들은 하나님의 나라를 이 땅에 건설하기 위하여 각자의 고지를 정복하려고 힘써야 합니다."

빌 게이츠를 좋아하는 사람도 있고 빌 게이츠를 싫어하는 사람도 있다. 그러나 빌 게이츠의 존재를 무시하는 사람은 아무도 없다. 사람들이 좋아하건 싫어하건 무시할 수 없는 사람이 되어야 한다. 누가 나를 좋아하느냐, 싫어하느냐는 관건이 아니다. 예수님의 제자들이 사람들이 자기를 좋아하느냐, 싫어하느냐에 관심을 가졌는가? 그들이 가는 곳마다 그 누구도 예수님의 제자들의 존재를 무시할 수 없었다. 이들을 염병이라고 불렀다. 우리는 무시할 수 없는 존재가 되어서 고지론의 영향력을 공정하게 발휘해야 한다. 다스림의 능력을 행사해야 한다는 것이다.

6. 소금의 사명

"너희는 세상의 소금이니 소금이 만일 그 맛을 잃으면 무엇으로 짜게 하리요 후에는 아무 쓸 데 없이 다만 밖에 버리워 사람에게 밟힐 뿐이니라." (마 5:13)

소금이 무엇일까? 첫째는 짠 맛을 내는 것이다. 소금이 모든 음식에 꼭 필요하듯이 우리도 우리가 있는 곳에서 꼭 필요한 사람이 되어야 한다. 두 번째는 숨겨지는 사역이다. 우리가 하는 일 가운데 나의 공의, 나의 자랑과 같은 것은 소금과 같이 녹아야 하고 숨겨져야 한다.

이것은 황병구 선생이 말하는 미답지론과 맥을 같이 한다.

> "이 땅의 예수 믿는 젊은이들이여, 남들이 잘 가지 않는 곳으로, 특히 예수 믿는 이들이 잘 가지 않는 곳으로 눈길을 돌리라. 그곳에 예수를 믿는 그대가 꿋꿋이 살아가고 있는 것만으로도 복음의 능력이 번져갈 것이다. 이랜드 같은 곳은 믿음이 연약한 동료들에게 양보하는 것이 어떤가? 이 땅의 예수 믿는 젊은이들이여, 예수를 위해 버릴 것을 준비하고 아직 없다면 버릴 것들을 힘써 찾으라. 그리고 왜 그것들을 버렸는지 대답할 말을 준비하고 복음의 능력을 주장할 수 있어야 한다. 움켜쥔 것이 많은 손으로는 도움의 손길을 펼칠 수 없고 머금은 것이 많은 입으로는 복음의 비밀을 말하기 힘들다는 사실을 기억해야 한다. 하나님, 남이 잘 가지 않는 영역에서 자기를 희생하며 사는 사람들이 많아지게 도와주시옵소서."

거창고 10계명 역시 이와 같은 맥락이다.

첫째, 월급이 적은 쪽을 택하라.
둘째, 내가 원하는 곳이 아니라 나를 필요로 하는 곳을 택하라.
셋째, 승진 기회가 거의 없는 곳을 택하라.
넷째, 모든 것이 갖추어진 곳을 피하고 처음부터 시작해야 하는 황무지를 택하라.

다섯째, 앞 다투어 모여드는 곳에는 절대로 가지 말고 아무도 가지 않는 곳으로 가라.

여섯째, 장래성이 전혀 없다고 생각되는 곳으로 가라.

일곱째, 사회적 존경 같은 것은 바라볼 수 없는 곳으로 가라.

여덟째, 한 가운데가 아니라 가장자리로 가라.

아홉째, 부모나 아내나 약혼자가 결사반대를 하는 곳이면 틀림없으니 의심하지 말고 가라.

열째, 왕관이 아니라 단두대가 기다리고 있는 곳으로 가라.

7. 내가 서 있는 자리

'어떤 일을 하시나요?'라는 질문을 들을 때가 있다.

"한국대학생선교회(CCC)에서 간사로 사역하고 있습니다."

"목사도 알고 전도사도 알겠는데 간사는 뭔가요?"

지금은 교회에서도 간사라는 직함이 많이 사용되기도 하지만 아직도 선교단체 간사가 무슨 일을 하는 것인지 모르는 사람들이 많다.

졸업을 앞두고 크게 세 가지 길을 놓고 고민하고 기도했었다. 첫째는 상담대학원에 들어가 졸업 후에 상담 전문인 선교사가 되는 것이었고, 두 번째는 신학대학원에 들어가 선교사가 되는 것이었다. 마지막으로는 간사의 삶을 살면서 선교사가 되는 것이었다.

선교단체마다 조금씩은 다르지만 내가 섬기는 한국대학생선교회(CCC)는 100% 모금으로 사역과 생활을 하게 된다. 선교와 젊은 대학생 사역에 관심이 있는 분들의 개인적인 후원을 통해서 하루하루를 살아간다.

세 가지 진로는 놓고 부모님과 상의했다. 그러나 믿지 않으시는 아버지는 간사의 삶에 대해 자신의 생각과 사고로는 도저히 이해할 수 없다고 하셨다. 기껏 대학까지 보냈더니 다른 사람들에게 구걸하는 인생이 되겠냐고 하셨다. 남에게 폐를 끼치는 것이 간사의 삶이라며 반대하셨다. 하지만 난 이 삶이 분명 미답지이지만 누군가가 감당해야 하는 꼭 필요한 자리인 것을 알았다. 거창고 진로 결정의 10계명에서 말하는 그 삶이 바로 간사의 삶이기 때문이다.

많은 믿지 않는 청년들은 대학에서 예수님을 꼭 만나야 한다. 또한 대학에 오기 전까지 믿어도 미지근한 선데이 크리스천들도 그렇다. 그렇기 때문에 대학 시절에 이런 이들에게 복음을 전해 주고 복음 안에서 성장을 도와줄 사람들이 절대적으로 필요하다. 그래서 그들에게 비전을 제시하고 각자에게 주신 하나님의 사명을 찾도록 도와줄 수 있는 간사의 삶은 참으로 귀한 삶이다. 간사의 삶을 살고 단 한 번도 후회하지 않았다. 무명의 전도자일지라도 내가 선 자리에서 선한 영향력을 통해 한 사람이라도 놀랍게 인생이 변하는 일이 일어난다면 사도 바울의 고백처럼 살고자 한다.

"나의 생명조차 조금도 귀한 것으로 여기지 아니하노라." (행 20:24)

8. 어디라도 가리라

지금까지 빛의 역할, 소금의 역할을 고지론과 미답지론을 통해서 구체적으로 이야기했다. 많이들 고지론과 미답지론에 대해서 '이것이 맞다.' '저것이 맞다.'라고 왈가왈부하지만 나의 생각에는 둘 다 맞다. 하나님께서 나를 보내시는 곳에 가야 한다. 빛이어도 좋고 소금이어도 좋다. 그곳에서 선한 영향력을 발휘한다면 어디든 좋다. 크리스천은 다른 생각, 다른 가치관으로 살아가는 사람들이기에 세상의 성공적인 요소들을 바라는 것이 아니라면 어디라도 좋다. 하나님의 삶의 방식으로 살아가는 것이 우리의 목적인 것이다. 그곳에서 선한 영향력을 발휘하는 사람이 되어라.

실천훈련

1. 당신이 생각하는 삶의 중요한 가치가 무엇인지 작성해 보자. 그리고 그 중요한 가치에 내용이 무엇인지도 작성해 보자. 막상 적어 보지 않으면 내가 중요하게 생각하고 내 삶의 근본이 되는 중심 가치관과 생각을 모르기가 쉽다.

예를 들어 나의 가치 중에 중요한 것은 "프로정신"이다. 분명하고 긍정적이게 써 보아야 한다. : '나는 매일 탁월하게 일한다.' '나는 다른 사람들의 아이디어에 열려 있다.' '나는 긍정적인 자세를 지닌다.' '나는 팀플레이를 한다.' 등으로 표현해 보아야 한다. 또 내가 가진 중요한 가치가 '열정'이다. : 나는 열정의 메이커를 꿈꾸고 소망한다. 모든 일을 하나님께서 주시는 힘으로 한다. 생기 넘치는, 에너지 가득한, 능력 있는 삶을 산다. 푯대를 향해 경주하는 삶을 산다.

- 당신이 가진 중요한 가치는 무엇인가? 그리고 그것을 명확하고 긍정적으로 표현해 보라.

제4장
사명이 더해진 비전을 가져라

V≥D+G+P+M(mission)

1. 나만의 꿈 - 바로 사명

비전을 발견하고 찾기 위해서는 꿈이 있어야 한다. 그리고 그것을 목표화할 줄 알아야 한다. 그 목표를 성취해 나갈 줄 알아야 한다. 앞에서 꿈을 향한 목적도 알아야 한다는 이야기까지 나누었다. 세상의 소금과 빛이 되어야 하는 것이 우리 크리스천의 삶의 목적이자 비전이라는 이야기까지 했다. 소금은 짠맛을 내는 것이다. 빛은 어둠을 밝히는 것이다. 하나님께서는 모든 사람에게 자신만의 빛, 자신만의 짠맛을 낼 수 있는 달란트를 주셨다. 나만이 잘 할 수 있는 것을 주셨다. 우리는 그것을 사명이라고 말한다.

"그 누가 시켜요 그 누가 말려요. 사명은 각자 각자입니다."라고 말했던 최춘선 할아버지의 말처럼 사명은 각자 각자이다.

2. 나의 사명을 어떻게 발견할 것인가?

나를 향하신 하나님의 계획을 발견하는 데에는 노력이 필요하다. 나의 인생의 키워드를 발견해야 한다. 획일화된 우리나라의 교육 상황에서 나의 인생의 키워드를 발견하는 것은 참으로 어려운 일이다. 자신의 삶을 사는 것보다는 부모님과 사회로부터 만들어진 삶을 사는 경우가 참으로 많기 때문이다.

나를 알아야 나의 사명을 발견할 수 있다. 나의 은사, 나의 관심사, 나의 장단점, 나의 상처, 나의 성격, 나의 기호, 적어도 나에 관해서 전문가가 되어야 한다. 나에 관한 논문을 쓸 수 있는 전문가가 되어야 한다. 그렇지만 애석하게도 우리는 그렇지 못한 사람이 너무나 많은 안타까운 현실 가운데 살고 있다. "너 자신을 알라."라는 소크라테스의 말처럼 자신을 알아야 자신을 향한 사명을 찾을 수 있다.

1) 장단점 리스트를 만들어라

당신의 장점은 무엇인가? 사람들에게 자신의 장점 목록을 작성해 보라는 말하면 대다수의 사람들이 자신의 장점이 무엇인지 잘 모르겠다고 대답한다. 하지만 사람은 누구에게나 장점이 있다. 그것도 한두 가지가 아니라 수십 가지, 수백 가지의 장점이 있다. 이런 것도 장점인가? 라고 말하는 사소한 것도 장점이 될 수 있다. 당신은 장점을 가지고 있다. 말을 잘하는 것도 장점이다. 말을 잘하지 못한다면 남의 말을 잘 들어 줄 수 있는 장점을 가질 수 있다. 장점과 단점은 동전의 양면과도 같을 때가 있다. 당신의 단점이라고 말할 수 있는 것이 무엇인가? 그것을 좀 더 다른 시각으로 바라보면 그것이 당신의 장점이 될 수 있다.

2) 해야만 하는 일과 하고 싶은 일이 일치하는가?

사람은 누구든지 취미와 기호가 있다. 관심이 가는 영역이 있다. 이것은 선순환을 만들어 낸다. 만약 농구를 좋아한다면 농구를 즐기게 되고, 농구를 즐겨 보게 된다. 많은 시간을 그것에 투자하게 되고 더 잘하게 만들어 준다. 농구를 좋아하는 것이 먼저일까? 농구를 잘하는 것이 먼저일까? 그것이 무엇이든지 누구나 좋아하고 관심이 있는 영역이 있다. 느헤미야는 예루살렘에 대한 관심이 있었기에 소식을 묻게 되었고, 사명을 발견할 수 있었다. 즐기는 사람은 이길 수 없다는 말처럼 내가 좋아서 갖게 되는 직업이라면 그리고 그 직업을 기뻐하고 행복해한다면 그 사람은 진정으로 성공한 행복한 사람이라고 말할 수 있다.

전부라고 할 수는 없지만 한국에서 살아가는 많은 사람들은 이렇게 살아간다. 중학교 다닐 즈음에 유년 시절이나 초등학교 때 가진 꿈들이 희미해져 간다. 그리고 학교의 성적을 올리기 위해 급급한 나날을 보낸다. 대부분에 시간을 집, 학교, 학원에서 보내며 살아간다. 좋은 고등학교에 가기 위해서 치열하게 공부한다. 그렇게 들어간 고등학교에서도 또 다시 좋은 대학에 들어가기 위한 무한 경쟁, 치열한 경쟁이 시작된다.

그렇게 이루어 낸 성적으로 성적에 맞는 대학과 학과를 지원해서 들어간다. 그리고 대학에 들어가서는 그동안 누려 보지 못한 자유를 만끽하는 1,2학년의 시간을 보낸다. 하지만 그것도 얼마가지 못해서 다시금 어려운 수십 대 일, 수백 대 일의 어려운 취업난을 뚫고 사회에 진출하기 위해 애쓰게 된다.

이 과정 가운데 자신이 좋아하는 분야를 발견하고 자신의 은사와 달란트에 맞게 직업을 선택한 사람들도 있지만 대부분은 늘 언제나 자신이 준비한 성적에 맞추어 대학과 직업을 선택하게 된다.

자신이 좋아하며 즐길 수 있도록 선택한 직업이 아니라 부모에게, 성적에게, 사회에게 짜 맞추어진 직업을 가진 사람은 반드시 고민하게 된다.

그냥 그렇게 살아갈 수 있을지 모르지만 삶의 의미와 행복 그리고 즐기는 삶을 살아가기는 쉽지 않다.

3) 두 가지 조사

미국 시카고 대학의 벤자민 블룸(Benjamin Bloom) 교수는 스포츠 스타, 예술가, 저명한 학자 등 다양한 분야에서 두각을 나타내는 120명의 지도자들을 대상으로 조사해, 그들이 눈부신 성공을 거둘 수 있었던 원인을 알아보았다. 그리고 마침내 이러한 결론을 얻었다.

"성공에 영향을 미치는 결정적 변수는, 선천적인 재능이나, 후천적인 양육환경이 아니다. 그것은 오직 스스로의 가치관에 따라 선택한 일, 즉 '하고 싶은 일을 했느냐'에 달려 있다." [12]

비슷한 조사가 하나 더 있다. 중산층 1,500명에게 사회생활의 첫발을 내디딜 때 무엇을 직업이나 직장 선택의 기준으로 삼았느냐고 물었더니 83%인 1,245명이 '봉급 많고 승진 빠른 직장'이라 대답했고, 17%인 255명만이 '하고 싶은 일', 즉 자신에게 소중한 일을 선택했다고 대답했다. 그 후로부터 20년이 지난 후 확인해 보니, 전체 1,500명 중에서 101명의 백만장자가 나왔다. 그런데 놀랍게도 101명 중 단 1명을 제외한 나머지 100명 모두가 '자신이 하고 싶은 일'을 선택한 17%에 속한 사람들이었다. 그들은 주

---
[12] 강헌구, 『가슴 뛰는 삶』, 53p, 쌤 앤 파커스.

도적으로 지도력을 발휘하면서 하고 싶은 일을 하며 즐겁게 살고 있었다.

그런데 아니러니 하게도, 좀 더 빨리, 좀 더 많은 부를 축적하기 위해 20년 동안 허리띠를 졸라매고 불편한 인간관계를 참아내며 만족스럽지 않은 일을 해 온 83%의 사람들은 대부분 보통 수준의 소득을 올리며 살고 있었다.

내가 날마다 해야만 하는 일이 내가 너무도 하고 싶은 일인 사람이 되고 싶은가? 아니면 의무에 이끌려서, 먹고 살아야 하기에 일을 가진 사람이고 싶은가? 당신이 정말로 좋아하고, 하고 싶은 분야를 찾아라.

4) 당신의 은사는 무엇인가?(달란트, 은사)

사람마다 장점과 단점이 있다. 그리고 사람마다 관심과 기호가 있다. 그리고 사람마다 하나님께서 나에게만 주신 특별한 은사와 달란트가 있다.

"나는 특별히 잘하는 것이 없어요."

아니다. 반드시 있다. 왜냐하면 우리는 하나님께서 지으신 창조물이기 때문이다. 하나님께서는 나를 사랑하시고 나를 위한 특별한 계획을 가지고 계신다. 성경은 5달란트, 3달란트, 1달란트 등 각자 각자에게 분명하게 달란트를 주었다라고 이야기한다.

> "또 어떤 사람이 타국에 갈 때 그 종들을 불러 자기 소유를 맡김과 같으니 각각 그 재능대로 한 사람에게는 금 다섯 달란트를, 한 사람에게는 두 달란트를, 한 사람에게는 한 달란트를 주고 떠났더니 다섯 달란트 받은 자는 바로 가서 그것

> 으로 장사하여 또 다섯 달란트를 남기고 두 달란트 받은 자도 그같이 하여 또 두 달란트를 남겼으되 한 달란트 받은 자는 가서 땅을 파고 그 주인의 돈을 감추어 두었더니 오랜 후에 그 종들의 주인이 돌아와 그들과 결산할 새" (마 25:14-19)

위의 본문이 천국 비유에 속한 내용이지만 성경이 우리에게 분명하게 이야기하는 것은 하나님께서는 각자 각자에게 재능대로 은사를 주셨다는 것이다. 이 내용에 대해 이야기하면 혹자는 이렇게 물어보기도 한다.

"하나님께서는 불공평하게 어떤 사람은 5달란트를 주고 어떤 사람은 왜 1달란트 밖에 안 주시나요?"

화폐의 단위로 사용될 때의 달란트는 금 1달란트의 가치를 말한다.[13] 전문가들에 의하면 한 달란트는 20kg에서 40kg정도이며, 보통은 33kg 정도라고 한다. 2007년 11월 25일 기준으로 금의 국제 가격은 1그램당 약 40,720원으로서, 이 가격을 적용하면 1달란트(33kg 적용)는 약 13억4천3백7십6만 원이라는 엄청난 금액으로 환산된다.

1달란트의 값어치만으로도 엄청나고 거대하다. 하나님께서는 우리에게 꼭 필요한 만큼의 은사와 재능을 주셨다. 하지만 "천재는 1% 영감과 99% 노력으로 만들어진다."라는 토마스 에디슨의 말처럼 우리의 은사와 재능은 개발되어야 한다. 성공한 사람들 중에 스스로 노력하지 않았다고 말하는 사람은 한 사람도 없다. 그리고 이 말에서 또 하나의 교훈은 1%의 영감이다. 1%뿐일지라도 당신에게는 재능이 있다. 그것으로 충분하다. 어떤 은사와 달란트가 있는가? 당신은 당신의 은사와 달란트를 발견했는가?

---

13) 위키 백과 검색 〈달란트〉

5) 자신만의 재능을 찾는 네 가지 방법

자신의 은사와 재능을 발견하려면 다음과 같은 몇 가지를 검토해야 한다. 첫째, 평소에 동경하던 일이 무엇인지 찾아보아야 한다. 어떤 일을 오랫동안 동경했다면 반드시 대뇌의 신경생리학적 구조가 그 분야의 일을 잘 할 수 있도록 발달되어 있을 것이다.[14]

둘째, 특별히 배운 적이 없는 데도 방법을 잘 알며 별로 노력을 기울이지 않고도 쉽게 이루어 냈던 일이 무엇인지를 생각해 보라. 화가 마티스(Heinri Emile-Benoit Matisse)는 스물한 살 때까지 그림을 그리고 싶은 생각도, 붓을 제대로 쥐어 본 적도 없었다. 그런데 어느 날 어머니로부터 미술도구를 선물 받은 후 미친 듯이 그림 그리는 데 빠져들었다. 자신이 해 왔던 일 중 유난히 학습속도가 빠른 것이 있다면 거기에 주의를 기울여 봐야 한다.

셋째, 어떤 일에 빠져들어 시간 가는 줄 몰랐을 때를 떠올려 보라. 더 많이 배우고 싶어 하며, 시간가는 줄 모르게 몰입하고, 그 일을 하지 않을 때는 '언제 또 그 일을 할 수 있을까?' 하면서 기다려지는 일이 있다면 그것은 여러분이 그 일에 만족하며 재능을 발휘할 수 있다는 증거이다.

마지막으로는 주변 사람들에게 물어보는 것이다. 이 세 가지 모두를 검토해도 재능에 대한 확신이 서지 않을 수 있다. 때로는 자기 자신보다 다른 사람들이 더 객관적으로 볼 수 있기 때문이다.

---

[14] 이민규, 『1%만 바꿔도 인생이 달라진다』, 28p, 더난.

3. 인생의 키워드를 발견하라

당신의 장점 목록과 관심 목록, 그리고 은사 목록이 한 자리에 만나는 점은 무엇인가? 이 세 영역에서 당신만의 키워드를 찾아야 한다. 성공한 사람들의 공통점이라고 할 수 있는 점이 있다면 선택과 집중이다. 당신의 선택이 있어야 한다. 당신의 삶을 흥분하게 하는 키워드가 무엇인가? 남은 인생의 전부를 걸어도 아깝지 않을 키워드가 무엇인가? 내 목숨을 걸어도 좋은 것, 내 인생의 전부를 올인 해도 아깝지 않을 당신만의 키워드는 무엇인가? 매일매일 보고 또 봐도 질리지 않을 키워드가 무엇인가? 아침에 눈 뜨면 생각나고 잠들기 전까지도 당신의 마음과 머리를 떠나지 않을 키워드가 무엇인가? 당신만의 키워드가 반드시 있다. 이 키워드를 발견하는 시점이 각자 다를 수는 있다. 하지만 찾고자 하면 반드시 찾고, 구하고자 하면 반드시 구하게 될 것이다. 그것을 구하고 찾고 발견할 때 당신의 비전이 시작될 것이다. 그리고 그것은 결코 먼 곳에 있지 않다.

키워드를 발견한 사람들은 어떤 사람들이 있을까?

* 빌 게이츠의 키워드는 컴퓨터이고, 그의 구호이자 비전은 "세계의 모든 가정, 모든 책상 위에 컴퓨터를"이다.

* 헨리 포드의 키워드는 자동차이고, 그의 비전은 "누구나 가질 수 있는 값싼 자동차를 만들겠다."이다.

* 월트 디즈니의 키워드는 어린이이고, 그의 비전은 "온 세계 어린이들이 동경하고 함께 어울릴 수 있는 공원을 만들겠다."이다.

* 앙리 파브르의 키워드는 곤충이다. 그리고 그의 비전은 "작은 곤충의 생리 연구를 통해서 우리 인간이 배워야 할 교훈을 찾아내겠다."

* 나폴레온 힐의 키워드는 성공이다. 그의 비전은 "성공한 사람들을 연구하여 누구나 성공할 수 있는 성공법칙을 알아내고 일반인들에게 전파하겠다."라는 것이다.

* 삼성그룹의 이건희 회장의 키워드는 기업이다. 그의 비전은 "인류 사회에 공헌하는 세계 초일류 기업의 실현"이다.

* 마틴 루터 킹 목사의 키워드는 인종평등이다. 그의 비전은 "다음 세대의 아이들은 피부색을 기준으로 사람을 평가하지 않고 인격을 기준으로 사람을 평가하는 나라에 살게 되리라는 꿈이다."이다.

* 박진수 원장의 키워드는 영어이다. 그의 비전은 "영어로 인해서 당신의 비전을 낮추는 것을 허용하지 않겠다."이다.

* 강헌구 박사의 키워드는 비전이다. 그의 비전은 "나의 사명은 21세기 지구촌을 책임질 사람들에게 필요한 비전과 리더십의 원리를 전파하는 것이다."이다.

* 김준곤 목사의 키워드는 청년이다. 그의 구호는 "오늘의 학원 복음화는 내일의 세계복음화"이고 비전은 "민족의 가슴마다 피 묻은 그리스도를 심어 이 땅에 푸르고 푸른 그리스도의 계절이 오게 하자."이다.

* 하용조 목사의 키워드는 선교이다. 그의 구호이자 비전이 "사도행전적 교회, Act 29"이다.

4. 사명선언문을 작성하라

1) 예수님의 사명선언문

　예수님께서도 그의 삶에 분명한 목적과 방향 그리고 목표와 꿈, 비전이 있으셨다. 그리고 비전선언문이자 사명선언문이 있으셨다. 예수님의 인생의 키워드라고 할 수 있는 것은 생명, 사랑, 섬김, 십자가이다. 예수님의 사명선언문은 예수님의 말씀을 통해 알 수 있다.

　　"내가 온 것은 양으로 생명을 얻게 하고 더 풍성히 얻게 하려는 것이라." (요 10:10)

　　"인자가 온 것은 섬김을 받으려 함이 아니라 도리어 섬기려 하고 자기 목숨을 많은 사람의 대속물로 주려 함이니라.(마 20:28)"

　예수님께서는 인류의 죄를 위해 오셨다. 우리를 대신해서 죽기 위해 오셨고 십자가를 향해 나아가는 삶을 사셨다. 처음부터 끝까지 예수님의 삶은 십자가로 요약할 수 있다. 십자가는 하나님의 끝없는 사랑의 표현이다. 하나님의 공의의 표현이다. 예수님께서는 위에 나오는 말씀대로 사셨고 우리에게까지 엄청난 영향력을 주고 계신다.

　예수님께서도 꿈과 목표, 목적과 사명, 비전으로 사셨다. 예수님은 동일하게 우리 각자 각자가 비전이 있는 삶을 살아가기를 소망하신다. 당신의 사명선언문은 무엇인가?

2) 사명선언문을 작성하라

　실천이 중요하다. 사명선언문은 간결하고 명쾌하게 표현하되 결연하고 비장한 의지를 압축해서 담아야 한다. 또 구체적인 행동목표를 설정할 때 실질적으로 적용시킬 수 있어야 하며, 듣기만 해도 가슴이 두근거리고 포기하고 싶은 순간에도 의욕을 북돋아 줄 수 있는 표현을 사용하는 것이 바람직하다. 다음과 같은 세 가지를 유의하면 좋은 사명선언문이라 할 수 있다. 첫째, 외우기 쉽도록 짧게 만들어야 하고, 둘째, 열 살짜리 어린아이라도 쉽게 이해할 수 있을 만큼 표현이 정확해야 하며, 셋째, 가능한 세 문장을 넘지 않아야 한다.[15]

　처음으로 작성해 본 사명선언문이 생각만큼 근사하지 않더라도 너무 실망하거나 의기소침해질 필요는 없다. 사명선언문은 정답이 있는 수학문제도 아니고 모범답안이 있는 주관식 시험도 아니다. 쓰면 100점이고 안 쓰면 빵점이다. 필요하다면 얼마든지 고쳐 써도 된다. 멋있어 보여야 할 이유도 없다. 남들이 뭐라 하든 당신의 가슴을 뛰게 하는 그런 단어와 표현을 쓰면 된다.

3) 가슴 뛰는 비전을 발견하라

　정확히 말하면 예수님과 같이 키워드는 한 가지가 아니라 몇 가지일 수 있다. 그 키워드들이 합쳐질 때 그것이 바로 비전선언문, 사명선언문이라

---

15) 강헌구, 『가슴 뛰는 삶』, 120p, 쌤 앤 파커스.

는 것이다. 위에서 보다시피 키워드는 특별한 것이 아니다. 누구나 다 아는 단어들이다. 그리고 그 단어들이 특별한 것이 아니라 나의 삶과 존재 이유, 나만의 특별한 스토리가 합쳐질 때 그 단어들은 특별한 것이 된다.

아주 위대한 것이 아니어도 좋다. 앞장에서 말했듯이 내가 있는 위치와 자리에서 선한 영향력이 되기를 소망하는 것이라면 어떤 키워드여도 좋다. 미답지여도 괜찮다. 당신의 가슴을 뛰게 하고 흥분시키는 것이면 된다. 비전을 갖기 이전(Before)과 이후(After)가 다르다. 예수를 만나기 전과 만난 후에 우리의 삶이 다를 수밖에 없는 것처럼 이전과 이후의 비전은 다를 수밖에 없다.

영화감독 스티븐 스필버그는 '매일 아침 나는 가슴이 너무나 두근거려서 도저히 식사를 할 수 없을 정도이다.'라고 했다. 자신의 꿈이 이루어지는 그 과정 자체가 너무나 자랑스럽고 기쁘기 때문이다. 현대 그룹의 창업자 정주영 회장이 새벽 3시면 벌떡 일어나 창문을 활짝 열어젖히며, "태양아, 제발 빨리 좀 떠올라라."라고 외쳤던 것처럼 간절한 꿈과 비전을 가진 사람들은 사랑에 빠진 것처럼 얼굴에 늘 빛이 난다. 항상 행복한 표정으로 1분 1초도 낭비하지 않고 신나게 산다.

매일매일이 전혀 다른 하루가 될 것이다. 하루를 꿈 없이 잠들 수 없고, 하루를 꿈 없이 시작할 수 없을 것이다. 삶의 의미와 목적, 살아가야 할 분명한 푯대를 발견한 사람은 사도바울과 같이 외칠 수밖에 없다.

"내가 달려갈 길과 주 예수께 받은 사명 곧 하나님의 은혜의 복음을 증언하는 일을 마치려 함에는 나의 생명조차 조금도 귀한 것으로 여기지 아니하노라." (

행 20:24)

4) 작성한 사명선언문을 선포하라

우리의 말과 입술에는 놀라운 권세가 있다.

> "사람은 입에서 나오는 열매로 말미암아 배부르게 되나니 곧 그의 입술에서 나는 것으로 말미암아 만족하게 되느니라. 죽고 사는 것이 혀의 힘에 달렸나니 혀를 쓰기 좋아하는 자는 혀의 열매를 먹으리라." (잠18:20-21)

죽고 사는 것이 혀의 힘에 달려 있다. 우리가 선포하고 외친 그 말이 우리를 살리기도 하고 죽이기도 한다. 광야에서 불평하는 이스라엘 백성에게 하나님께서는 "내 삶을 두고 맹세하노라 너희 말이 내 귀에 들린 대로 내가 너희에게 행하리니"(민 14:28)라고 말씀하신다. 불평의 말 그대로 우리가 죽게 된다.

말의 능력은 일본 연구가 에마토 마사루(Emoto Masaru)의 '밥' 실험을 통해서도 입증됐다. 그는 밥을 똑같은 두 유리병 속에 넣고, 하나는 '감사합니다.'라는 글을 써 붙이고, 다른 하나는 '망할 자식'이라는 글을 써 붙이고 두 초등학생에게 그 글귀를 각각 병에 대고 읽게 했다. 그 후 한 달이 지난 후 놀라운 사실은 '감사합니다.'라고 말한 밥은 발효되어 향기로운 누룩 냄새가 나고 '망할 자식'이라는 말을 들은 밥은 형편없이 부패해 검은색으로 변하여 악취를 풍기고 있었다.

우리의 말 한마디가 미생물에게도 영향을 미친다. 우리가 던지는 말 한마디가 천 냥 빚을 갚기도 한다. 우리의 말에는 놀라운 권세와 능력이 있다. 당신의 비전을 선포하라. 그 선포로 인해 요셉처럼 비난과 조롱을 당할지라도 당신이 외친 그 비전이 당신을 미래로 이끌어 갈 것이다.

5. 나의 키워드, 사명선언문

나의 키워드는 청년, 변화, 비전이다. 처음에 나의 키워드는 '청년'이었다. 젊은이들이 소망이고 미래이기에 젊은이들을 온전히 복음으로 양육하는 일에 내 남은 인생을 걸었다. 미답지인 선교 단체의 간사의 삶을 선택했다. 100% 후원으로 살아야 되는 간사의 삶을 믿지 않는 아버지는 자신의 사고로 도대체 이해할 수 없다고 하셨다.

"전도사와 목사는 아는데 도대체 간사는 뭐냐? 목사 꼬봉이냐? 왜 너는 대학까지 나와서 다른 사람들에게 구걸하며, 폐를 끼치는 인생을 선택하냐?"

두 번째 발견하게 된 것이 '변화'였다. 젊은이들이 복음으로 달라진 삶, 멋진 삶, 도전하는 삶을 살아가게 하고 싶었다. 그것이 젊은 날에 예수를 만난 사람들의 사명이라고 생각했기 때문이다. 좀처럼 변화하지 않는 젊은이들을 대하면서 '어떻게 변화시킬 것인가? 어떻게 하면 열정적인 삶을 살게 할 것인가?' 마지막으로 발견한 것이 '비전'이란 키워드이다. '예수를 만난 젊은이들이 비전을 발견할 때 나태하고 게으른 삶에서 온전하게 변화할 수 있다.'

라는 사실을 알게 됐다. 그래서 나의 사명선언문은 "셀 수 없는 수백만 명의 젊은이들을 비전으로 변화시키는 것"이다. 이것이 바로 나의 비전이다.

내 인생의 사명선언문을 작성하고 난 이후의 나의 삶은 예수님을 인격적으로 만난 후의 또 한 번의 놀라운 변화이다. 다메섹 도상에서 사도 바울이 예수를 만나기 전과 후가 달랐던 것처럼 말이다. 매일매일이 설레는 하루이다. 매일 변화하는 나의 모습을 보면서 비전이 지닌 힘의 위대함을 경험한다. 누구든지 경험할 수 있다. 당신의 사명선언문을 작성하라.

인생의 사명선언문을 하루아침에 작성하지 못할 수도 있다. 지금 쓴 내용이 달라질 수도 있다. 사명선언문은 계속적으로 수정 보완되어야 한다. 중요한 것은 아직 마음에 들지 않는 불완전한 사명선언문이라 할지라도 그것을 반드시 공표해야 한다. 지금 당장 생각나는 것을 작성해 보아라. 그것이 당신의 비전으로 가는 길에 첫 걸음이 되어 줄 것이다.

6. 인생의 키워드에 집중해라

말콤 글래드웰(Malcom Gladwell)이 쓴 『아웃라이어』에 나오는 내용이다.[16]

안데르스 에릭손(K. Anders Ericsson)은 두 명의 동료들과 함께 1990년대 초에 〈재능 논쟁의 사례 A〉라는 연구 결과를 내놓았다. 우선 그들은 바이올리니스트들을 세 그룹으로 나누었다. 첫 번째 그룹은 '엘리트'

---
16) 말콤 글래드웰, 『아웃라이어』, 54p, 김영사.

로 장래에 세계 수준의 솔로 주자가 될 수 있는 학생들이었다. 두 번째 그룹은 그냥 '잘한다'는 평가를 받는 학생들이고, 세 번째 그룹은 프로급 연주를 해 본 적이 없고 공립학교 음악교사가 꿈인 학생들이었다. 연구진은 그 그룹과 상관없이 그들에게 똑같은 질문을 했다.

"처음으로 바이올린을 집어든 순간부터 지금까지 얼마나 많은 연습을 해 왔는가?"

세 그룹에 속하는 모든 학생은 대략 다섯 살 전후에 연주를 시작한 것으로 나타났다. 초기 몇 년간은 대략 일주일에 두세 시간씩 비슷하게 연습을 했지만, 여덟 살이 될 무렵부터 변화가 나타났다. 자기 반에서 가장 잘하는 아이는 다른 아이보다 연습을 더 했던 것이다. 아홉 살 때는 일주일에 여섯 시간, 열 살 때는 열두 시간, 열네 살 때는 열여섯 시간으로 연습 시간은 점점 길어졌고, 스무 살이 되면 자신의 실력을 갈고 닦겠다는 확고한 목적을 가지고 일주일에 서른 시간을 연습했다. 결과적으로 스무 살이 되면 엘리트 학생은 모두 1만 시간을 연습하게 된다. 반면 그냥 잘하는 학생은 모두 8,000시간, 미래의 음악교사는 4,000시간을 연습했다.

글래드웰은 "어느 한 분야에서 탁월한 실력을 발휘하려면 그 분야에 1만 시간을 투자해야 한다는 '1만 시간의 법칙'을 이야기한다.

1) 십 년 법칙

이 두뇌 연구 분야에서 선구자적인 역할을 해 온 K. 안데르스 에릭슨(K. Anders Ericsson) 박사는 인간의 습관과 관련하여 '10년 법칙'이라는 용어를 사용한다. '10년 법칙'이란 "어떤 분야에서 최고 수준의 성과와 성취에 도달하려면 최소 10년 정도는 집중적인 사전 준비를 해야 한다."라는 것을 의미한다. 교육심리학자 하워드 가드너(Howard Gardner)는 여러 분야에서 걸출한 업적을 남긴 일곱 명의 창조적 거장들을 연구한 결과 다음과 같은 결론을 내리고 있다.

> *"어느 분야에 전문 지식에 정통하려면 최소한 10년 정도는 꾸준히 노력해야 한다. 창조적인 도약을 이루려면 자기 분야에서 통용되는 지식에 통달해야 한다."* [17]

심리학자들이 말하는 개념 중에 '시간전망'이라는 것이 있다. 무언가를 성취하기 위해 더 멀리 내다보고 더 많은 시간을 투자한다는 것이다. 이 말은 성공한 사람일수록 지금 당장의 수입이 아니라 먼 미래의 성공을 바라보며 그것을 위해 인내하면서 시간을 투자한다는 것이다.[18] 쉬운 예로, 의사나 교수가 되려면 한 분야에서 10년 이상 공부를 해야 한다. 그들은 직업을 얻는 데 다른 사람들보다 평균적으로 2배 이상의 시간을 투자한다. 당장 월급 많이 주는 직장을 선택하기보다는 좀 고되더라도 멀리 내다보고 성장가능성이 더 큰 분야에 뛰어드는 사람들도 시간전망이 긴 사람이라고 할 수 있다.

---

17) 차동엽, 『무지개 원리』, 177p, 위즈 앤 비즈.
18) 강헌구, 『가슴 뛰는 삶』, 76p, 쌤앤 파커스.

2) 준비된 사람을 쓰신다

당신의 키워드를 발견했다면 이제는 집중해야 한다. 당신이 선택한 분야에 1만 시간을 투자하여 10년간 집중한다면 반드시 그 분야의 전문가가 될 수 있을 것이다. 단순히 전문가가 아니라 당신이 꿈꾸고 소망하는 비전을 이룰 수 있을 것이다.

오늘부터 당신의 발견한 키워드와 관련된 책을 모조리 찾아서 읽고 정보를 수집해야 한다. 당신의 롤 모델을 정해서 그에 관한한 전문가가 되어야 한다. 그 분야의 일인자가 저술한 대표적인 책 한 권을 골라 열 번 이상 정독하고 그의 다른 책들까지도 모두 섭렵해야 한다.

성경 역시 준비된 사람을 쓰신다고 말하고 있다. 하나님께서는 요셉에게 꿈과 사명과 비전을 주시고 13년 동안 종살이와 감옥 생활을 통해 준비시키셨다. 또한 40년 동안 미디안 광야에서 남의 양을 치는 일로 모세를 준비시키셨다. 느헤미야도 4개월간 울며 금식하며 치밀하게 준비하게 하셨다. 사울 왕과 다윗의 차이는 광야 훈련 여부의 차이라고 말하는 것처럼, 인생의 사명과 비전을 발견했는가? 이제 하나님의 영광을 위해 그 비전에 마음과 힘과 뜻을 모으자. 당신에 모든 것을 쏟아 붓자. 이제는 전진하는 일만 남았다.

실천훈련

1. 인생의 키워드를 발견할 수 있는 질문에 답해 보자.
   ① 당신이 더 배우고 싶은 것은 무엇입니까?
   ② 당신이 한 일 중 최고로 칭찬받은 일은 무엇입니까?
   ③ 당신의 관심을 가장 사로잡는 일은 무엇입니까?

2. 사명선언문을 작성해 보자.

처음으로 작성해 본 사명선언문이 생각만큼 근사하지 않더라도 너무 실망하거나 의기소침해질 필요는 없다. 사명선언문은 정답이 있는 수학문제도 아니고 모범답안이 있는 주관식 시험도 아니다. 쓰면 100점이고 안 쓰면 빵점이다. 필요하다면 얼마든지 고쳐 써도 된다. 멋있어 보여야 할 이유도 없다. 남들이 뭐라 하든 당신의 가슴을 뛰게 하는 그런 단어와 표현을 쓰면 된다.

제5장
소원이 있는 비전을 가져라

$V \geqq D+G+P+M+W(Wish)$

1. 성경에는 비전이 등장하지 않는다

한국성서학연구소 양형주 연구원이 쓴『내 인생에 비전이 보인다』라는 책에 이런 말이 있다.

> "한글 성경에는 비전이라는 단어가 나오지 않는다. 다만 영어 성경에 오늘날 우리가 말하는 비전이 몇 군데 등장할 뿐이다. 사실 비전에 관해 말하고 있는 여러 책이 종종 이런 영어 구절을 인용해 비전의 필요성을 역설하곤 한다. 그러나 이러한 구절이 오늘날 우리가 말하는 비전을 의미하고 있는 것인지에 대해서는 주의 깊은 검토가 필요하다. … 영어 성경에 나오는 비전이라는 단어들의 주된 뜻과 의미는 예언, 이상, 묵시, 계시, 환상 등의 의미이지 오늘날 우리가 의미하는 비전과 다르다고 이야기한다. 그러면서 "비전을 성경에서 찾기는 어렵다. 그러나 이와 유사하게 사용된 다른 단어가 있는 데 성경은 이를 '소원'이라고 표현한다." [19]

나는 비전의 마지막 요소를 간절한 소원이라 말하고 싶다.

꿈과 목표에 관해 집중하다 보면 어렵고 힘든 영역 중에 한 가지가 "이것이 나의 욕심에서부터 비롯된 것이 아닌가?" 하는 것과 "이것이 내가 생각하고 계획하고 목표한 나의 것이지 않은가?"라는 것이다. 크리스천의 비전은 하나님으로부터 오는 것이어야 한다는 생각과 대치되는 것 때문에 힘들어진다. 나의 꿈과 목표는 내가 설정하고 내가 계획한 것인가? 아니면 이것이 하나님으로부터 온 것인가? 그것을 어떻게 알 수 있는가?

---

[19] 양형주,『내 인생에 비전이 보인다』, 80p, 홍성사.

성경에 보면 수많은 하나님의 사람들이 하나님의 부르심을 듣는다. 모세도 떨기나무 가운데서 하나님을 만나고 하나님으로부터 사명을 받는다. 이스라엘 백성을 가나안까지 출이집트 시키라는 비전을 갖는다. 사도 바울은 다메섹 도상에서 예수님을 만나 그곳에서 이방인의 사도로의 부르심을 받는다. 이렇듯 비전과 사명은 하나님께로부터 오는 부르심과 사명이어야 하지 않는가? 분명한 하나님의 음성이 있어야 제대로 된 비전이고 부르심이라고 생각하는 이들이 많다.

하지만 느헤미야서를 읽어 보면 느헤미야가 하나님의 음성을 들었다는 기록은 전혀 없다. 느헤미야가 자신의 사명을 깨닫는데 있어서 단 한 번도 하나님이 모세나 예레미야처럼 직접적인 계시를 주신 적이 없다. 또한 느헤미야에게 와서 그의 사명에 대해 말해 준 예언자도 없었다. 오늘날 많은 사람들이 각자에게 주는 하나님의 비전과 사명을 직접적으로 듣기를 소망한다.[20] 하지만 하나님께서는 우리에게 주신 위대한 선물인 이성으로 각자 각자를 향한 소명과 비전을 발견하게 하신다. 하나님께서는 세밀한 음성으로 말씀하신다. 그리고 우리의 이성을 빌어서도 말씀하신다. 찾고자 하는 자에게 하나님의 뜻을 보이시는 것이 하나님의 방식이다.

2. 하나님의 초점 - 중심

성경은 이렇게 말한다.

---
[20] 원 베네딕트, 『절대로 절대로 포기하지 마라』, 18p, 상상북스

"너희 안에 행하시는 이는 하나님이시니 자기의 기쁘신 뜻을 위하여 너희로 소원을 두고 행하게 하시나니" (빌 2:13)

"네 마음의 소원대로 허락하시고 네 모든 도모를 이루시기를 원하노라." (시 20:4)

위의 말씀을 통해서 알 수 있듯이 소원의 출처는 하나님이기도 하고 사람이기도 하다. 비전이 나에게서부터 온 것인지 하나님께로부터 온 것인지가 중요한 것이 아니다. 성경은 하나님께서 우리의 중심을 보신다고 이야기한다.

"여호와께서 사무엘에게 이르시되 그의 용모와 키를 보지 말라 내가 이미 그를 버렸노라 내가 보는 것은 사람과 같지 아니하니 사람은 외모를 보거니와 나 여호와는 중심을 보느니라 하시더라." (삼상 16:7)

하나님께서 우리의 중심을 보신다. 소원의 핵심은 우리의 중심이다. 하나님의 뜻대로 구하는 자에게 주시는 것이 하나님 나라의 비밀이다. 기도와 간구는 요술 램프의 지니처럼 우리가 원하는 모든 것을 이루어 주는 것이 아니라, 하나님 안에서 구할 때 이루어진다. 하나님 안에 하나님을 위해 간절히 소망하고 소원을 가지라.

"너희는 욕심을 내어도 얻지 못하여 살인하며 시기하여도 능히 취하지 못하므로 다투고 싸우는도다. 너희가 얻지 못함은 구하지 아니하기 때문이요 구하여도

받지 못함은 정욕으로 쓰려고 잘못 구하기 때문이라." (약 4:2-3)

성경은 우리에게 구하라고 이야기한다. "구하라, 그러면 너희에게 주실 것이요. 찾으라, 그러면 찾을 것이요. 문을 두드리라, 그러면 너희에게 열릴 것이다."(마 7:7)라고 구하고 찾으라고 권면하고 있다. 자식에게 필요하고 소중한 것이면 부모가 무엇이든지 주려고 하는 것처럼 하나님께서도 우리에게 주려고 하신다는 것이다. 그렇지만 우리에게 득이 되지 않는 것을 구한다면, 욕심과 정욕으로 구한다면 우리를 위해 주실 수 없다고 말씀하신다.

하나님께서는 우리가 소원을 가지고 그것을 통해서 하나님 나라에 영광을 돌리는 것을 기뻐하신다. 어떤 소망과 소원이어도 좋다. 그것이 하나님께 영광을 돌리고 세상에 덕이 되는 것이라면, 하나님께서 기뻐하시고 기꺼이 주기를 원하신다. 하지만 우리의 정욕으로 잘못 구하는 것이라면 하나님께서 우리를 위해 주실 수 없음을 이야기하신다.

3. 간절함

1) 간절히 원할 때만 구할 수 있다

어느 날 한 제자가 스승에게 지혜를 얻는 방법을 물었다. 그러자 스승은 대답도 없이 제자를 강으로 데려가 얼굴을 붙잡고는 강물 속으로 집어넣었다. 제자는 죽을 것만 같아서 스승의 손에서 빠져 나오려고 버둥거렸다 .그러나 스승은 두 손에 더욱 힘을 주며 빠져 나오지 못하도록 했고 제자는 더욱 심하게 발버둥쳤다. 마침내 스승은 손에 힘을 풀고 제자를 물속에서 건져 주며 물었다.[21]

"얼굴이 물속에 있을 때, 네가 가장 간절히 원했던 것이 무엇이냐?"

제자는 창백해진 얼굴로 대답했다.

"숨을 쉬는 것이었습니다."

"그랬겠지. 지혜라는 것도 바로 그렇게 간절히 원해야 얻을 수 있는 것이다."

이 이야기가 우리에게 가르쳐 주는 것은 "삶은 우리가 진정으로 원하는 것만을 우리에게 준다."는 것이다.

소원 안에 품고 있어야 하는 것은 간절함이다. 비전이 이뤄져도 그만, 안 이뤄져도 그만이면 아무런 결과도 일어나지 않는다. 정말로 그 그림과 같은 비전을 보기를 원하는가? 지금 꿈과 목표로 그리는 것을 마음과 힘과 뜻을 다하여 실천하고 있는가? 간절해져라. 애절하며 절절해라. 그냥 바라는 것으로는 부족하다. 비전을 이룬 사람들은 그 비전을 향해 목숨을 걸었다.

2) 나비의 꿈

박성혁 작가가 쓴 『나비의 꿈』이라는 책에 보면 함평이라는 고장을 3무(無)의 고장이라고 말한다. 천연자원도 없고, 관광자원도 없고, 산업자원도 없는 그야 말로 아무리 눈 씻고 찾아 봐도 아무것도 없는 곳이라고 소

---

21) 이민규, 『네 꿈과 행복은 10대에 결정된다』, 94p, 더난출판.

개한다. 돈도 없고, 사람도 없고, 변변한 특산물도 하나 없는 전라도 깡촌이 꿈의 마을에 도전하고 축제 하나로 관람객 1500만 명에 2000억 원 경제 효과를 창출해 낸 기적과 같은 일을 만들어 냈다.

어떻게 이런 놀라운 일을 만들어 냈을까? 여러 요소들이 있겠지만 시작은 간절함이다. 우리도 "할 수 있다. 하면 된다. 하고 싶다."라는 간절함과 절박함이 있을 때 변화가 시작되고 꿈과 비전이 이루어질 수 있다. 얼마만큼 그 비전을 소망하는가? 기대하는가? 꼭 그 꿈과 목표를 이루어야 할 이유와 목적이 있는가?

성공하는 사람들의 가장 큰 공통점은 선택과 집중이다. 집중을 일구어 내는 데는 소망과 간절함이 있어야 한다. 학업에 성취를 보이는 학생들의 공통점도 왜 공부를 해야 하는지 이유가 있다. 당신의 삶에 배수진을 쳐라. 이것을 하다가 그만 두어도 상관없다는 의식을 버려라. 철저하게 당신의 인생의 모든 것을 과감하게 투자하라. 대가를 지불하지 않고는 소중한 것을 얻을 수 없다.

3) 한 가지 소원이 무엇이냐?

간사가 되기 위해서도 시험을 보고 면접을 본다. 물론 떨어지는 사람들도 상당히 된다. 합격한 이후에는 간사가 되기 위한 훈련(8개월-1년 가량)을 받는다. 훈련받을 때의 일이다. 훈련생 시절에 개인 리트릿(retreat)이라는 시간이 있었다. 개인 리트릿은 일보 전진을 위한 이보 후퇴로 영적인 재충전의 시간을 갖는 것을 말한다. 한 달에 한 번이나 한 학기에 한 번 정도 그동안의 삶을 돌아보고 반성하며 다시금 새로운 계획과 재충전의 시간을 갖는다.

그날의 나의 리트릿 계획은 그동안 교육 받았던 내용을 복습하고, 성경을 통해 하나님의 사랑에 대해서 묵상하는 시간을 가지며, 점심에는 금식하며 기도하는 것이었다. 그리고 오후에는 훈련원 뒤쪽을 통해서 올라갈 수 있는 팔각정에서 서울 시내를 바라보며 기도하는 것이었다.

물론 이 계획도 하나님께 어떤 시간을 가질지 기도하면서 세웠던 계획이었다. 오전에 복습을 하고 묵상하는 도중에 하나님께서 세밀한 음성으로 이런 감동함을 주셨다.

"용호야~! 특별히 너의 개인 리트릿을 위해서 좋은 날씨를 주었는데 나와 함께 산책하지 않겠니?"

물론 세운 계획대로 해야 하지만 순종하는 마음으로 밖에 나왔다. 아니나 다를까 너무나 좋은 날씨였다. 즐거운 마음으로 하나님과 데이트하며 시간을 보내는데 다시금 세밀한 음성으로 말씀하셨다.

"용호야!~ 참 쉽지 않은 간사의 삶을 순종함으로 결정하고 따라와 주어서 고맙고 귀하다. 그렇기에 특별히 너의 소원 한 가지를 들어 주고 싶은데 무엇이든지 말해 보렴."

내가 솔로몬도 아니고 하나님께서 소원 한 가지를 들어 주신다고 하시는데 무척이나 기분이 좋았다. 무엇이든지라면 어떤 것을 하나님께 구해야 할까? 돈을 많이 벌 수 있게 해 달라고 해야 할까? 아니면 유명한 사람이 되게 해 달라고 할까? 솔로몬처럼 지혜를 달라고 해야 하나님께서 모든 것을 다 주실까? 그런데 솔로몬의 말로가 좋지 않았던 것을 보면 지혜를 구하는 것도 별로이지 않나? 이런저런 생각을 하면서 하나님과의 즐거운 데

이트 시간을 보냈다.

그리고 금식을 하면서 기도하고 오후에 팔각정에 올랐다. 간사의 삶을 시작할 때 김우연 PD가 만든 '팔복'영상을 보면서 이렇게 다짐했다.

"최춘선 할아버지의 삶처럼 물질과 명예를 추구하는 삶이 아닌 성령에 순종하는 삶을 살자."

이런 나눔과 간증을 많이 하는 나에게 훈련생 동기들이 '최춘선'이라는 별명을 붙여 주었다. 그날 오후에는 팔각정을 최춘선 할아버지처럼 맨발로 올라가면서 기도해 보라는 감동이 있었다. 맨발로 팔각정을 오르는데 정말이지 얼굴이 화끈거려 죽는 줄 알았다. 아는 사람을 만날 때마다 인사를 하는데, 인사를 한 이후에 그들의 시선이 항상 발에 머물면서 손가락을 가리키며 어~!, 어~! 하는데 정말이지 민망해서 혼이 났다. 그리고 그때가 1월이어서 날씨가 쌀쌀했다. 곳곳에 눈이 녹지 않은 곳도 있었다. 맨발로 그곳을 오르는데 얼마나 추운지 양말과 신발의 중요성이 새삼 느껴졌다. 또 나는 팔각정까지 거리가 그리 먼지 정말로 몰랐다. 올라가면서 감사보다는 한숨과 짜증이 몰려왔다.

'내가 미쳐도 단단히 미쳤구나!'

'하나님, 괜히 이런 거 시키셔서 이게 무슨 꼴이에요!'

'그냥 개인 리트릿 대충대충 할 걸!'

'하나님, 이렇게까지 하고 올라갔는데도 아무런 은혜도 주시지 않으면 다음부터는 순종이고 뭐고 없어요!'

그렇게 한참을 불평하면서 팔각정에 도착했다. 도착하니 팔각정은 온통 구경나온 사람들로 붐비고 있고 사람들은 웬 이상한 사람인가 하는 시선으로 나를 바라보았다. 그래도 한쪽 구석에 가서 서울 시내를 바라보면서 기도를 했다. 춥고 시선이 의식되어서인지 기도도 집중이 되지 않았다. 그래서 조금만 있다 바로 터벅터벅 내려가는데 문득 생각나는 찬양이 있어서 작은 목소리로 부르면서 내려갔다. 찬송가 314장 "내 구주 예수를 더욱 사랑"이었다.

  내 구주 예수를 더욱 사랑
  엎드려 비는 말 들으소서
  내 진정 소원이 내 구주 예수를
  더욱 사랑 더욱 사랑

  이전엔 세상 낙 기뻤어도
  지금 내 기쁨은 오직 예수
  다만 내 비는 말 내 구주 예수를
  더욱 사랑 더욱 사랑

  이 세상 떠날 때 찬양하고
  숨질 때 하는 말 이것 일세
  다만 내 비는 말 내 구주 예수를
  더욱 사랑 더욱 사랑

이 찬양을 부르는데 눈물이 하염없이 흘렀다.
 '아~ 하나님께서 오전에 어떤 소원이든지 한 가지 들어 주신다고 했는

데 구해야 하는 것이 바로 이것이구나!'

'이 세상의 가장 큰 낙이자 기쁨과 소원은 바로 내 구주 예수를 더욱 사랑하는 것이구나! 하나님! 나의 간절한 소원이 있습니다. 바로 내 구주 예수를 더욱 사랑하는 것입니다. 하나님 이 세상 숨질 때 정말로 간절히 듣고 싶은 말이 있습니다.'

"이 사람은 진실로 예수를 사랑했고 그 어떤 사람보다도 예수를 진정으로 사모했다."

내 평생 간절한 소원은 물질도 아니고 명예도 아니고 오직 내 구주 예수를 더욱 사랑하는 것이다. 그리고 나를 통해 다른 사람들이 주님을 더욱 사랑하고 비전을 발견하여 주를 위해 살게 되는 것, 바로 그것이다.

4. 희망

소원은 절망하는 사람들이 품지 않는다. 어떤 어려움, 환경에도 하나님의 사람은 절망하지 않는다. 절대 희망, 이것이 우리의 태도이자 자세이다. 도전하고 도전해서 또 한 걸음 내딛는 자에게 실패란 없다. 비전에는 늘 언제나 거대한 장애물, 방해 요소, 폭풍이 다가온다. 어두움이 가고 새벽이 반드시 오는 것처럼, 비온 뒤에 무지개가 고개를 드는 것처럼 우리의 소원은 희망을 가지고 있다.

1) 아직 때가 되지 않았을 뿐이다

링컨의 어록 중에 이런 말이 있다.[22]

"더는 갈 곳이 없다는 엄청난 거짓 확신이 수없이 밀려왔다. 그 때마다 내 지혜는 아직 때가 되지 않았다고 말했다."

그는 대통령의 영예를 누리기까지 무수한 실패를 거듭했다. 1816년 가족 파산, 1831년 사업 실패, 1832년 주 의회 의원 낙선, 1833년 사업 재실패, 1834년 약혼녀 사망, 1836년 신경쇠약으로 병원 입원, 1843,48년 하원의원 두 차례 낙선, 1854,58년 상원의원 두 차례 낙선. 이렇게 실패할 때마다 그에게는 절망의 유혹이 다가왔다. 두려움이 엄습하였다. 하지만 그는 굴하지 않았다. 마침내 그는 실패와 두려움을 극복하고 1860년 미합중국 대통령이 되었다. 부정적인 실패와 감정을 받아들이거나, 거부하거나, 이에 굴하여 염려를 하거나, 걱정의 유혹을 뿌리치고 전진을 하거나, 어떤 것을 선택하느냐는 우리의 자유다.

실패는 실을 감는 용기이고, 포기는 배추를 세는 단위라는 말처럼 하나님의 소망인 소원과 비전을 가진 우리에게는 실패라는 단어와 포기라는 단어는 없다.

---

22) 차동협, 『무지개 원리』, 259p, 위즈 앤 비즈.

2) 테리 폭스의 희망

테리 폭스(Terry Fox)라는 캐나다 청년은 고작 18세의 어린 나이에 골육종이라는 뼈 암 진단을 받았다. 암이 퍼져 나가는 것을 막기 위해 오른쪽 다리를 절단한 후, 그는 병원에서 다른 암 환자들의 고통을 지켜보며 그들을 위한 모금운동을 하기로 결심했다.

1980년 4월 12일부터 테리 폭스는 남은 왼쪽 다리와 의족에 의지해 마라톤을 시작했고, 캐나다 동부 끝에서 출발해 6개 주를 통과하며 143일 동안 무려 3,339마일을 달렸다. 매일 마라톤 풀코스를 달린 셈이다. 그는 불편한 몸으로 캐나다 대륙 3분의 2를 달리는 기적을 이루어 냈다.

하지만 144일째 되던 날에 암세포가 폐로 전이되면서 달리기는 중단됐고, 6개월 뒤에 그는 세상을 떠났다. 그가 사망하기 전까지 암 연구기금으로 무려 2,417만 달러가 모였고, 그 이후 테리 폭스의 뜻은 세계로 퍼져나가 우리나라를 비롯해 55개국에서 매년 9월 '테리 폭스 희망의 달리기' 행사가 열리고 있다. 게다가 테리 폭스의 이 같은 불굴의 의지는 캐나다에 기부문화를 뿌리내리게 한 결정적인 계기가 되었다.[23]

3) 희망의 간증

하나님께서 계시기에 세상에 소망과 희망이 있다. 소원이 있는 사람에게는 아직 희망이 있다. 다음 글은 한 사람의 간증이다.[24]

---

23) 강헌구, 『가슴 뛰는 삶』, 226p, 쌤 앤 파커스.
24) 윈 베네딕트, 『절대로 절대로 포기하지 마라』, 50p, 상상북스.

"제 이야기를 하나 들려 드리겠습니다. 제 인생에서 가장 절망했던 때는 대학에 실패했던 스무 살 때입니다. 저희 집안은 경제적으로 말할 수 없는 어려움을 겪었습니다. 아버지는 아예 집을 나가 버리셨고, 저는 어머니와 동생 여섯 그리고 조부모님이 함께 살았는데 그나마 살던 집에서도 쫓겨났습니다. 간신히 친구들이 수원에 있는 팔달산에 동굴을 파주어서 그곳에 살았던 적이 있었습니다. 제 삶에는 아무런 희망이 없었습니다. 할머니는 이렇게 사느니 다 같이 죽어 버리자고 입버릇처럼 말씀하셨습니다. 가장 힘든 일은 일단 집에서 나오면 다시 들어가고 싶지 않은 것이었습니다. 어느 날 밤 집에 들어가기 싫어서 우연히 교회를 찾아갔습니다. 저는 그때 주님을 잘 알지 못했습니다. 신앙에 대한 막연한 동경과 하나님에 대한 기대를 안고 교회에 들어가 밤을 지새웠습니다. 밤이 깊어 피곤해져서 그 교회 종탑에 올라갔습니다. 종탑에 자그마한 마루방이 있었는데 거기서 잠을 청했습니다. 얼마나 잤는지 모릅니다. 새벽이었는데 환한 빛이 들어오면서 갑자기 종소리가 울려 퍼졌습니다. 잠에서 깨어 벌떡 일어났습니다. 종소리가 여운을 남기며 제 마음에 어떤 소리를 들려 주었습니다. '나를 위해 일하라.' 저는 그 소리가 무엇을 뜻하는지도 모른 채 하나님을 믿으면 내 삶에 새로운 미래가 찾아오리라는 막연한 기대를 갖게 되었습니다. 그리고 제가 처한 상황에서 절대 낙망하지 않기로 결심했습니다."

이 글은 지구촌교회 이동원 목사님의 간증이다. 소원이 있는 사람에게는 아직 희망이 있다. 하나님을 믿는 사람에게는 절망할 이유가 없다. 하나님을 간절히 소망하라. 그러면 하나님은 당신을 하나님의 희망이 되게 하실 것이다.

5. 균형

비전을 발견한 사람들은 비전을 갖기 전과 비전을 가진 후가 다르다고 말한다. 꿈을 꾸고 목표를 구체적으로 알고, 올바른 목적을 알고, 나의 사명을 발견하게 되면 하루하루가 달라진다. 나의 인생의 키워드에 집중하는 시간들이 있게 된다. 1만 시간, 10년 법칙들에 온전히 미치게 된다. 하루 종일 자신의 키워드에 집중하고 집중하게 된다. 아침에 눈을 뜰 때도, 밥을 먹을 때에도, 누구와 만날 때에도, 잠들 때도 온통 머릿속에 자신의 비전으로 가득 차게 된다. 그렇게 되는 것이 정상이다. 그리고 그럴 때만이 진정한 비전을 가졌다라고 말 할 수 있다.

하지만 『다섯 가지의 소원』의 게이 핸드릭스(Gay Hendricks)는 이렇게 말한다.

"죽음을 눈앞에 닥친 생에 마지막 순간, 침대에 누워 있는 당신에게 누군가 이렇게 묻는다면 무엇이라고 대답할 것인가? '당신의 인생은 완벽한 성공이었습니까? 만약 당신이 죽음 앞에서 당신의 인생이 완벽한 성공이 아니었다고 말한다면, 완벽한 성공이라 말할 수 있도록 필요한 것들이 무엇일까? 우리는 죽음을 직전에 둔 사람들이 한결같이 말하는 것이 '내가 조금 더 무엇인가를 성취했어야 했는데' 가 아니라는 사실을 잘 알고 있다. 죽음 앞에 우리는 인생의 소중하고 진실된 것을 깨닫게 된다."

핸드릭스는 살아가는 동안 꼭 이루고 싶은 다섯 가지 소원을 "나를 사랑하는 사람들을 진정으로 더욱더 사랑하는 것, 그리고 소중한 사람들, 가족들과 친지들에게 진실된 마음을 전하는 것, 순간순간의 행복을 누리는 삶을 사는 것, 한계를 도전해 보고 가슴 뛰는 일을 해 보는 것, 신성함과 우주의 진리를 이해하는 것"이라고 말한다.

우리가 성취해야 하는 것이 물론 있다. 하나님의 우리를 향한 계획을 이루어 내는 꿈과 비전은 우리를 가슴 뛰게 한다. 하지만 비전을 품은 사람은 이미 이루어질 비전을 본 사람들이다. 미래에 펼쳐질 창조는 이미 머릿속으로 먼저 창조되는 것이다.

월트 디즈니가 죽은 이후에 디즈니 월드가 만들어져서 사람들은 디즈니가 준공된 디즈니 월드를 보지 못하고 죽은 것을 안타까워했다. 그러자 그의 미망인이 디즈니는 준공된 디즈니 월드를 마음속으로 이미 보았다고 말했다. 이처럼 우리의 비전은 머릿속에 창조될 때, 즉 우리의 꿈과 목표로 사명으로 적어질 때 이미 창조되었다.

조급해 하지 마라. 당신의 꿈과 목표와 사명은 하나님께서 반드시 이루어 가실 것이다. 당신의 꿈과 목표인 비전과 더불어 당신 곁에 있는 소중한 사람들도 중요하다. 그리고 비전을 이루어 가는 과정들 또한 아름답고 귀하고 소중하다. 하나님 앞에 바라는 소원들 가운데 균형을 잃어버리지 말자.

6. 소원의 결국은 하나님이 이루어 나가신다

소원은, 하나님을 향해 간구하고 바라고 소망하는 것이라고 할 수 있다. 그 소원은 어떻게 이루어질까? 우연히 그 소원이 이루어질까? 아니면 철저하게 인간의 노력과 의지로 이루어질까? 또 아니면 하나님의 간섭하심과 도우심으로 이루어질까? 물론 소원에는 자유 의지가 포함된 자기 주도적 성격이 강하다. 우리의 헌신과 노력이 많이 포함되게 된다. 최선을 다하고 열심을 다해 그 소원을 이루기 위해서 전진한다. 그렇다면 이 소원을 이루는 것이 과연 우연인가? 나의 힘과 노력인가? 아니면 하나님의 간섭과 도우심인가?

요셉은 어떻게 해서 이집트 총리의 자리까지 올라가게 되었을까? 요셉이 이집트 총리가 될 때까지 일어난 일들을 보면 하나같이 우연의 연속이다. 형들이 요셉을 죽이려고 할 때 우연히 큰 형 르우벤에게 죽이지 말자는 마음이 들었다. 우연히 이스마엘 대상이 지나갔고 우연히 넷째 형 유다에게 죽이지 말고 팔자는 마음이 들었다. 이스마엘 상인이 아라비아로 갈 수도 있는데 우연히 이집트로 간다. 이집트에는 많은 집이 있는데 우연히 보디발의 집에 팔렸다. 보디발의 집에서도 우연히 안주인의 유혹을 받는다. 감방에 들어갔는데 우연히 이집트 바로 왕의 술 맡은 자와 떡 맡은 자를 감방 동기로 만난다. 술 맡은 관원은 우연히 요셉이 생각났다. 그래서 우연히 총리가 되었다.[25]

이 말이 맞을까? 세상 사람들은 이것을 우연이라고 할지도 모른다. 그러나 우리는 이것이 하나님의 인도와 섭리라는 사실을 알고 있다. 우리의 과거를 회상해 보면 우리의 삶도 우연이었다. 도대체 왜 여기까지 오게 되었는지 모른다. 순간순간이 우연 같아 보인다. 그러나 지나고 보면 '아 이것

---

25) 전병욱, 『비전 무릎』, 146p, 규장.

이 주님께서 나를 인도하신 길이구나. 주님께서 나에게 빛을 비춰주신 길이구나.'라고 깨닫게 된다.

그렇다고 요셉이 아무것도 하지 않고 있었을까? 요셉의 삶은 어떠했는가? 요셉은 어렵고 힘든 상황에도 불평하지 않고 그 자리에서 늘 언제나 인정받을 수 있는 성실과 정직의 삶을 살았다. 모든 사람들이 요셉을 보면서 "당신을 보니 하나님과 동행하는 것이 보인다."라고 말할 정도로 구별된 삶을 살았다. 심지어 자신을 팔고 죽이려고 했던 형들조차도 사랑의 마음으로 용서하는 인격을 갖춘 모습을 보게 된다.

> "사람이 마음으로 자기의 길을 계획할지라도 그의 걸음을 인도하시는 이는 여호와시니라." (잠 16:9)
>
> "사람의 마음에는 많은 계획이 있어도 오직 여호와의 뜻만이 완전히 서리라." (잠 19:21)
>
> "Do your best, God will do the rest!" (최선을 다하라, 그러면 하나님이 나머지를 행하실 것이다)

하나님께서는 매 순간순간 우리의 걸음을 인도하시고 동행하고 계신다. 하나님께서는 최선을 다하신다. 언제나 하나님께서는 우리를 위해 좋은 것으로 예비하신다. 우리를 향한 놀라운 계획으로 끝없는 사랑의 추적자로 우리와 동행하여 주신다. 하나님께서는 늘 언제나 하나님 앞에 순전하고 온전한 사람을 찾으신다. 하나님과 동행하며 살아가는 사람들을 통해서 하나님 나라의 역사를 이루어 가신다. 이제 우리의 차례다. 최선을 다하시는 하나님이라면 우리 역시 최선을 다해야 한다. 걸음을 인도하시는 분이 하나님이기 때문에 계획이 필요 없다는 것은 잘못된 적용이다. 우리의 계획이 있기에 우리의 걸음을 인도하시는 하나님께서 계신다. 나의 최선을 다하는 것이 나의 책임이다. 하나님의 소망인 우리의 소원과 비전을 하나님께서 반드시 이루실 것이다.

실천훈련

하나님을 향한 기도 제목을 작성해 보자.

최근에 응답받은 기도 제목이 무엇인가? 생각보다 하나님 앞에 간절하게 구하는 것이 없는 것이 우리의 현실이다. 매일매일 팡세를 적는 가운데 하나님께 감사하는 기도 제목들도 적어보자. 그리고 내 욕심의 간구가 아닌 하나님의 뜻대로 하는 기도 제목들을 작성해 보자. 매년 금식 수련회에 들어가기 전 100가지 기도 제목들을 적어보는데 놀랍고 신실하게 응답하시는 하나님을 경험하게 하신다. 구하라, 찾으라, 두드리라.

제6장
변하는 자가 비전을 이룬다

$V \geqq D+G+P+M+W, \quad V \Leftarrow C(change)$

1. 어떻게 변할 것인가? 무엇이 변화되어야 하는가?

비전을 성취하는 가장 큰 요소가 무엇일까? 비전의 주체는 바로 그것을 이루어 내는 사람이다. 더 정확하게 말하면 변화된 당신이다. 비전을 가로막고 그것을 이루지 못하게 만드는 것은 환경과 어려움이 아니라 바로 나 자신이다. 변화된 내가 비전을 이룰 수 있다. 스스로 자신에 대해서 돌아보라. 과연 지금과 같이 살아간다면 20-30년 뒤에 당신의 비전을 이룬 사람이 될 수 있겠는가? '아니다'라고 생각한다면 당신은 당장 바뀌어야 한다. 비전에 걸맞는 사람으로 변화되어야 한다. 꿈꾸는 데는 대가가 필요하지 않지만 꿈과 비전을 이루는 데는 대가가 필요하다. 가장 큰 대가는 바로 당신이다. 당신의 변화이다.

1) 서울대의 강팍함

하나님께서 나의 변화가 얼마나 놀라운 일을 할 수 있는지 경험하게 해 주신 일이 있다. 나는 간사 훈련을 서울대학교에서 받았다. 서울대학교에 나가서 직접 4영리를 통해 개인 전도를 하고 전도된 학생을 양육해야 하는 훈련이었다. 서울대학교에 처음 나가는 날이었다. 그날 새벽에 심판과 멸망에 관한 말씀을 통독했다. 소돔과 고모라에 의인 10명이 없어서 심판을 받는 부분이었다. 그뿐 아니라 그날 아침 QT말씀은 예레미야 5장 1절 이하의 말씀이었다.

"너희는 예루살렘 거리로 빨리 다니며 그 넓은 거리에서 찾아보고 알라 너희가 만일 정의를 행하며 진리를 구하는 자를 한 사람이라도 찾으면 내가 이 성읍을 용서하리라." (렘 5:1)

이 말씀을 묵상하는데 왜 하나님께서 자꾸 심판에 관한 말씀을 하시는지 속으로 '하나님께서 서울대학교를 불로 심판하시려나 보다, 서울대학교가 드디어 멸망하나 보다.' 하는 우스운 생각을 했다.

그런데 막상 서울대학교에 나가서 전도를 해 보니 이 말씀처럼 의인 한 사람을 찾는 것이 정말로 어렵다는 사실을 발견했다. 서울대학교는 전도하기가 참으로 쉽지 않은 대학교이다. 물론 서울대학교 학생들에게서도 원인을 찾을 수 있겠지만 다른 여러 이유도 있었다. 서울대학교가 한국에서 가장 유명한 대학교이다 보니 많은 선교단체들 그리고 큰 교회들, 심지어 수많은 이단들도 서울대학교에서 전도를 한다. 그러다 보니 수없이 전도를 당한 학생들 중에 복음을 들어줄 한 사람을 찾는 일이 그 어느 대학보다 힘든 곳이었다.

어찌되었건 복음이 필요한 한 사람을 찾아서 하루 종일 돌아다녔다. 보통의 캠퍼스들은 3명을 만나면 1명 정도는 4영리에 대해서 들어 준다. 그리고 복음을 들은 3명 중에 1명 정도는 예수님을 영접하고는 한다. 그런데 서울대학교는 20명을 만나도 복음을 들어 주는 1명을 발견하기가 쉽지 않았다. 영접하는 사람이 아닌 단지 들어 주는 사람이 그랬다. 서울대학교를 다니면서 간절히 기도했다. 마음 가운데 한 사람도 못 찾으면 서울대학교에 불 심판이 있지 않을까 하는 두려움이 있었기 때문이다. 그러면서 괜히 복음을 들어 주지 않는 서울대학교 학생들을 탓했다.

'이 학생들의 마음이 정말로 강퍅하구나!'

3주가 지나가도 영접한 사람이 한 사람도 없었고 전도한 사람도 몇 명 되지 않았다. 그런 와중에 출애굽기 말씀을 통독했다. 모세의 열 가지 기적과 함께 출애굽 사건을 읽는데 거기에 이런 표현이 눈에 띄었다.

"내가 바로의 마음을 완악하게 하고 내 표징과 내 이적을 애굽 땅에서 많이 행할 것이나" (출 7:3)

그런데 이 내용에 신기한 것은 '하나님이' 바로의 마음을 완악하게 하셨다는 말이 나온다. '바로가 완악했다.'라는 것이 아니라 '하나님이 바로의 마음을 완악하게 하셨다.'라고 표현하고 있었다. 하나님 왜 그렇게 하셨을까? 고민하고 묵상을 했다. 크게 세 가지 이유가 생각났다.

첫째, 하나님께서 바로의 마음을 완악하게 하신 것은 이스라엘 백성들을 위한 완악함이라 생각했다. 400년 동안 노예근성에 젖은 그들을 위해 기적과 이적을 통해서 하나님을 신뢰하고 믿게 하기 위해서라는 생각을 했다.

두 번째, 애굽 백성을 위한 완악함과 그 주변 민족을 위한 완악함이었다. 애굽 백성들은 이런 기적과 이적을 통해 하나님을 두려워했다. 그리고 이방 민족이었던 기생 라합도 하나님께서 하신 기적을 보면서 '우리의 간담이 녹았다. 당신의 하나님은 상천하지(上天下地)의 하나님이시다.'라고 고백한다.

셋째, 하나님께서 바로를 완악하게 하신 것은 또한 모세와 아론을 위함이란 생각이 들었다. 자신은 말이 어눌하다고 고백하던 모세, 하나님을 철저히 신뢰하지 못했던 모세를 위한 바로의 완악함이었다는 생각을 하게 되었다.

2) 서울대의 기적

묵상하면서 서울대학교 학생들이 참 완악한 것 같은데 그것이 바로 하나님께서 나를 위해 완악하게 하시는 것이라고 생각하게 되었다. 하나님을 철저히 신뢰하지 못하는 내가 문제라는 생각이 들었다. 그때까지만 해도 4영리 전도에 대한 나의 속마음은 이러했다.

'단순히 이렇게 4영리로 전도한다고 얼마나 많은 사람들이 진실하게 예수님을 영접할까?' 하는 회의적인 생각이 있었다. 그리고 '이 사람은 잘 들어 주지 않을 것 같아.' 하면서 외모적인 모습으로 판단하고 선택하며 전도하는 모습이 있었다.

훈련받을 때 동기들과 함께 새벽예배를 드렸다. 돌아가면서 메시지를 나누었는데 그날은 내가 메시지를 준비하는 날이었다. 그래서 그동안 서울대학교를 나갈 때 처음 주신 하나님의 말씀과 출애굽기의 말씀들을 나누고 기도를 부탁했다. 서울대학교에는 세 명의 훈련생이 훈련을 받고 있었는데 그날까지 세 명 모두 영접하는 사람을 한 명도 만나지 못했다. 그래서 그 한 사람을 만날 수 있게 해 달라고 기도 부탁을 하고 캠퍼스에 갔다.

그날 나를 포함한 우리 세 명의 훈련생 간사들은 캠퍼스의 기적을 경험했다. 같이 훈련받은 한 간사가 "이제 믿음으로 우리가 가진 벽을 넘어보자. 앉아 있는 사람만 전도하는 게 아니라 지나가는 사람도 전도해 보자."라고 말하는 순간 두 명이 지나갔다. 바로 붙잡고 전도했는데 그 사람이 바로 우리가 애타게 찾던 그 한 사람이 되었다. 그날 하루에 전도한 사람이 3주 동안 전도했던 사람보다 더 많았다. 그날 하루에만 내가 전도해서 예수를 영접한 사람의 수가 5명이나 되었다. 정말 기적 같은 일이었다. 그날 이후로 우리는 더 이상 서울대학교는 전도가 힘든 캠퍼스라고 이야기하지 않았다. 그리고 실제로 그날 이후로 전혀 다른 캠퍼스에 와 있는 것처럼 전도가 이루어졌다. 이 일을 통해 전도란 정말로 내 마음이 먼저 전도되어 있는 것이 첫째임을 알게 되었다. 그렇게 된다면 하나님께서 전도할 사람들을 만나게 해 주신다는 확신을 갖게 되었다. 내가 변하면 놀라운 일이 일어난다. 내가 변하면 불가능할 것 같은 비전이 꿈이 아닌 생생한 현실이 된다.

2. 무엇이 변화되어야 하는가?

성경은 우리에게 이렇게 권면한다.

> "너희는 이 세대를 본받지 말고 오직 마음을 새롭게 함으로 변화를 받아 하나님의 선하시고 기뻐하시고 온전하신 뜻이 무엇인지 분별하도록 하라." (롬 12:2)

성경은 우리에게 이 세대를 본받지 말고 오직 마음을 새롭게 함으로 변화를 받으라고 권고한다. 그리고 하나님의 선하시고 기뻐하시고 온전하신 뜻이 무엇인지 분별하는 삶을 살라고 권면한다. 하나님을 믿기만 하면 크리스천이 된다. 그렇지만 믿는 우리들에게 최대의 삶의 과제가 있다면 그리스도를 닮아가는 것이다. 신의 성품에 참여하는 자가 되는 것이다. 한 마디로 말하면 우리는 성화의 길로 부르심을 받은 자들이다.

1) 죄로부터 해방되어야 한다

먼저 이 세대를 본받지 말아야 한다. 이 세대를 본받지 않는 것은 죄 가운데 살아가지 않는 것이다. 감옥에 있는 사람은 들킨 죄인이며 감옥 밖에 있는 사람은 들키지 않은 죄인이라는 말이 있다. 성경은 "의인은 없나니 하나도 없다."라고 선언한다. 인간이 죄를 지어서 죄인이 되는 것이 아니라, 죄인이기 때문에 죄를 짓는다. 우리 본성 자체가 죄의 속성을 가지고 있다. 죄에는 여러 가지가 있다. 도둑질하고 살인하는 것 뿐 아니라 싸우고, 미워하고, 욕하는 것도 죄이다.

사실상 인간의 모든 문제는 바로 이 죄로 말미암아 파생된다. 죽음의 문제, 고통의 문제, 전쟁의 문제, 살육의 문제, 다툼의 문제, 갈등의 문제 등이 모두 이 죄로부터 나온다. 죄는 인간을 죽이는 것이다.

"죄의 삯은 사망이다." (롬 6:23)

가장 큰 죄, 근본적인 죄의 핵심은 사람이 하나님으로부터 떠나 있는 것이다. 우리가 내 마음대로 살려고 하는 것, 내 마음의 중심에 내가 중심이 되어서 살아가는 것이 죄의 핵심이다.

사사기가 영적 암흑기가 되었던 것을 성경은 "그때에 이스라엘에 왕이 없으므로 사람이 각각 그 소견에 옳은 대로 행하였기 때문"이라고 말한다. 성경의 처음부터 끝까지 흐르는 일관된 주제는 내 삶의 주인(왕)이 누가 될 것인가? 하는 것이다. 매 순간순간 돌아보라. 내가 주인이 되어서 살아가는 것이 아니라 인생의 참 주인이신 하나님께서, 당신 삶의 주인이 되어서 살아갈 수 있도록 변화하는 것이다. 날마다 예수님을 당신의 왕좌에 모셔 들여라. 날마다 영혼의 호흡으로 성령 충만을 구하고 죄를 고백하라. 매일 매일 성령님과 동행하며 살아갈 때 우리의 삶은 놀랍게 변화될 것이다.

2) 패러다임이 바뀌어야 한다

목사이자 신학자인 찰스 스윈돌(Charles Swindoll)은 삶에 있어서 객관적인 사실은 인생을 통틀어 겨우 10%에 불과하고, 나머지 90%는 그 일들에 대한 우리의 반응이라고 주장했다. 또한 아우슈비치 수용소에서 죽음의 문턱까지 갔던 정신과의사 빅터 프랭클(Victor Frankl)은 이렇게 말했다.

"한 인간에게서 모든 것을 빼앗아 갈 수는 있지만, 한 가지 자유는 빼앗아 갈 수 없다. 바로 어떤 상황에 놓이더라도 삶에 대한 태도만큼은 자신이 선택할 수 있는 자유이다."

프랭클의 말처럼 삶의 상황들은 일방적으로 주어지지만, 그 상황에 대한 프레임을 해석하는 것은 철저하게 우리 자신이 선택해야 할 몫이다.

기독교는 눈이 바뀌는 종교라고 한다. 우리가 하나님께 간구할 때 하나님께서는 상황과 환경을 바꾸시기보다는 우리의 생각과 사고를 바꾸시는 때가 있다. 즉 하나님께서는 우리가 세상의 관점이 아닌 하나님의 관점과 사고, 기독교 세계관으로 우리의 삶의 방식을 바꾸기를 원하신다. 그렇다면 어떤 생각과 사고의 변화가 필요할까?

① 메뚜기 또는 우리의 밥, 정체성의 변화가 필요하다.

"그와 함께 올라갔던 사람들은 이르되 우리는 능히 올라가서 그 백성을 치지 못하리라 그들은 우리보다 강하니라 하고 이스라엘 자손 앞에서 그 정탐한 땅을 악평하여 이르되 우리가 두루 다니며 정탐한 땅은 그 거주민을 삼키는 땅이요 거기서 본 모든 백성은 신장이 장대한 자들이며 거기서 네피림 후손인 아낙 자손의 거인들을 보았나니 우리는 스스로 보기에도 메뚜기 같으니 그들이 보기에도 그와 같았을 것이니라." (민 13:31-33)

출애굽한 이스라엘 백성들은 바란 광야에서 가나안 땅에 정탐꾼을 보냈다. 40일을 정탐하고 돌아온 12명의 정탐꾼은 똑같은 것을 보고 똑같은 환경 가운데 있었지만 그들의 생각과 마음과 태도가 전혀 다른 것을 보여 준다. 10명의 정탐꾼은 그 땅을 악평하고, 그곳에서 네피림의 후손인 아낙 자손을 보았는데 그들을 보니까 우리는 정말로 메뚜기와 같다고 스스로를 평하고 있다. 온 회중이 그들의 말을 듣고 밤새도록 통곡하였다고 성경은 기록하고 있다.

하지만 갈렙과 여호수아는 '우리가 정탐하고 돌아온 땅은 심히 아름다운 땅이며 젖과 꿀이 흐르는 땅이다. 하나님께서 우리를 기뻐하시면 우리가 능히 이길 것이다. 그들을 두려워하지 말아라. 그들은 우리의 밥이다.'라고 웅변했다.

과연 실제의 가나안 땅은 어떤 땅이었을까? 같이 갔고, 함께 경험한 그들의 말이 왜 이렇게 차이가 나는 것일까? 똑같은 상황과 환경일지라도 경험하는 사람이 어떤 사람이냐에 따라, 어떤 생각과 마음과 태도를 가졌느냐에 따라서 얼마나 달라질 수 있는지 생생하게 성경은 교훈하고 있다. 당신 스스로는 메뚜기 자존감을 가지고 있는가? 아니면 그들은 우리의 밥이라는 마음과 자존감을 가지고 있는가?

② 두 명의 세일즈맨, 태도의 변화가 필요하다.

남아프리카에 두 명의 세일즈맨이 시장 개척을 위해 파견되었다. 얼마 후 이 두 사람으로부터 각기 다른 내용의 전보가 본사에 날라 왔다. 한 사람의 전보는 이렇다.

"아프리카 사람들을 관찰한 결과 구두를 신은 사람이 단 한 사람도 없음. 그들은 구두에 대해 아는 바가 없어 구두를 팔 수 있는 가능성은 제로!"

또 다른 한 명도 전보를 보내왔다.

"아프리카 사람들을 세심히 관찰한 결과 구두를 신은 사람은 한 사람도 없음. 그러므로 구두를 팔 수 있는 가능성은 무궁무진!"

똑같은 상황을 놓고 한 사람의 태도는 부정적인 태도와 시각이었다. 반면에 다른 한 사람은 긍정적인 태도와 시각을 가지고 있었다. 단순한 차이지만 결과는 큰 차이가 날 수밖에 없었다.[26] 우리는 매일매일 삶의 여러 가지 기로 앞에서 수많은 선택을 하며 살아간다. 가장 중요한 선택은 '어떤 삶의 태도를 선택할 것이냐' 하는 것이다.

③ 프레임, 가치관의 변화가 필요하다.

프레임이란 무엇인가? 프레임(인식의 방법)의 정의는 인간이 성장하면서 생각을 더 효율적으로 하기 위해 생각의 처리 방식을 공식화한 것을 뜻한다. 프레임은 어떤 조건에 대해서 거의 무조건적으로 반응하는 경향이 있기 때문에 프레임을 "마음의 창"에 비유하곤 한다. 즉 우리가 어떤 상황과 환경 가운데 있을 때 어떤 프레임을 가지고 있느냐에 따라서 그 해석이 달라질 수 있다.

환경 미화원으로 일하는 중년의 남성이 있었다. 이른 새벽부터 악취와 먼지를 뒤집어쓴 채 쓰레기통을 치우고 거리를 청소하는 일을 평생 해 온 사람이었다. 누가 봐도 쉽지 않은 일에다 사람들에게 존경받는 직업도 아니고, 그렇다고 월급이 많은 것도 아니다. 그런데 신기한 것은 그의 표정이 늘 밝다는 점이다. 하루는 그 점을 궁금하게 여기던 한 젊은이가 이유를 물었다.

"힘들지 않으세요? 어떻게 항상 그렇게 행복한 표정을 지을 수 있습니까?"

---

26) 이내화, 『마음먹은 대로 된다』, 23p, 디지털 머니캡.

젊은이의 질문에 대한 환경 미화원의 답이 걸작이었다.
"나는 지금 지구의 한 모퉁이를 청소하고 있다네!" 27)

다시 말하면 우리의 프레임의 전환이 필요하다. 생각과 사고와 가치관의 전환이 필요하다는 말이다. 하나님을 믿는다는 것은 내 중심에서 하나님 중심으로 바뀌는 것이다. 즉 우리가 가진 프레임의 전환이 필요한데 성경은 하나님을 믿는 우리들에게 새로운 피조물이라고 확증하신다. 우리를 왕 같은 제사장, 하나님 나라의 백성, 천국 시민, 하나님의 자녀라고 말씀하신다. 우리가 가진 프레임이 철저하게 바뀌어야 한다.

젊은이들이여! 스스로를 어떻게 생각하고 있는가? 당신은 실패한 사람인가? 무언가 하나 변변치 못한 사람인가? 낙망하고 좌절의 경험으로 무언가에 도전할 수 없는 사람인가? 당신의 가능성은 어떠한가? 잠재력은 어떠한가?

당신은 소중한 사람이다. 하나님께서는 당신을 사랑하신다. 당신을 위한 놀라운 계획을 가지고 계신다. 너무나 귀하고 귀한 존재이다. 있는 모습 그대로 하나님께서는 당신을 사랑하신다. 사랑받기에 합당한 존재이고 예수님의 목숨과 바꿀 만한 가치 있는 존재이다. 하나님께서는 당신을 향한 꿈과 비전을 가지고 계신다. 당신을 통해 놀라운 일을 이루어 가실 것이다. 당신을 세상의 소금과 빛이라 칭하신다. 왕 중에 왕, 왕 같은 제사장이라 부르신다. 그리고 당신을 하나님의 자녀로 삼아 주셨다.

당신이 지닌 프레임을 점검하라. 그리고 프레임을 변화하라. 하나님 나

---

27) 최인철, 『프레임』, 23p, 21세기 북스.

라 시민다운 시민의식을 지녀라. 하나님께서는 우리의 간구와 기도에 환경으로 답하시기 이전에 우리의 생각과 사고의 변화로 답하신다. 힘들고 어려운 상황은 똑같지만 우리의 마음을 전혀 다르게 변화시켜 주신다. 어떤 안경을 가지고 세상을 바라보느냐가 우리의 삶을 행복하게도 평안하게도 만들어 준다.

3) 라이프스타일(행동 즉 습관)이 변화되어야 한다

사람이라면 누구든지 습관을 갖고 있다. 매일매일 순간순간을 우리는 습관으로 살아간다. 습관이 없다면 인간은 괴로울 것이다. 매일 아침 다른 방식으로 세수를 할 수는 없는 노릇이 아닌가? 살아가면서 우리가 신경을 써야 하는 것들이 너무나 많다. 반면에 우리에게 주어진 에너지와 시간은 한정되어 있다. 그렇기 때문에 습관이 우리의 삶을 이끌고 지탱해 나간다. 우리가 지닌 습관에는 나쁜 습관도 있고 좋은 습관도 있다. 습관은 참으로 놀랍고 위대한 능력이 있다.

> "나는 모든 위대한 사람들의 하인이고 또한 모든 실패한 사람들의 하인입니다. 위대한 사람들은 사실 내가 위대하게 만들어 준 것이지요. 실패한 사람들도 사실 내가 실패하게 만들어 버렸구요. 나를 택해 주세요. 나를 길들여 주세요. 엄격하게 대해 주세요. 그러면 세계를 제패하게 해 드리겠습니다. 나를 너무 쉽게 대하면, 당신을 파괴할지도 모릅니다." (습관, 작자미상)

제6장 변하는 자가 비전을 이룬다

　습관이 비전의 해답이다. 정말로 습관이 중요하다. 습관이 당신의 삶의 자리를 결정해 줄 것이다. 오늘 내가 어떤 삶의 습관을 가졌느냐가 나의 미래와 내일을 결정한다.

　하지만 습관을 변화시키는 것은 쉬운 일이 아니다. 스티븐 코비는 "습관 역시 거대한 중력을 가지고 있다."라고 말했다.[28] 우주 비행사들은 달에 도달하기 위해 거대한 지구의 중력을 돌파해야 한다. 우주선이 발사되어 처음 몇 분간 몇 마일을 비행하기 위해 소모하는 에너지의 양은 그 후 며칠에 걸쳐 50만 마일을 여행하는데 드는 에너지의 양보다 더 많다고 한다. 그만큼 어떤 습관을 변화시키는 데는 집중된 에너지가 필요하다는 것이다. 그렇다면 어떻게 나의 습관들을 변화시킬 수 있을 것인가?

　심리학에서는 보통 어떠한 것이 습관으로 자리 잡기 위해서는 21일간의 연습이 필요하다고 한다. 이것이 21일인 이유는 생물학적으로 뇌에 새로운 습관을 만들려면 어른들의 경우 보통 14일에서 21일 정도의 기간이 필요하기 때문이다. 또 21번의 법칙이라는 것이 있다. 이는 무엇을 자신의 것으로 삼고자 하면 최소한 21번 연습해야 한다는 말이다. 이는 공군 조종사를 전쟁에 투입하기 전에 모의 훈련을 몇 번 하는 것이 가장 효과적인가를 알아내기 위해 조사해 본 결과로 21번 이상 훈련받은 사람들에게서 가장 높은 생존율이 나왔다는 통계에 근거한 말이다.[29]

　또 100번의 법칙이 있다. 거머리를 가지고 다음과 같은 실험을 했다. 거머리가 달라붙으면 전류가 흐르는 감전 장치를 설치한다. 기억력이 없는 거머리는 떨어지면 붙고, 떨어지면 붙고를 반복한다. 그러나 100번째에

---

28) 스티븐 코비, 『성공하는 사람들의 7가지 습관』, 70p, 김영사.
29) 차동엽, 『무지개 원리』, 175p, 위즈 앤 비즈.

는 안 붙는다. 그 실험을 한 거머리가 새끼를 낳았다면 어떻게 될까? 그 새끼 거머리도 안 붙는다. 이렇듯 기억력이 낮은 거머리도 100번이면 학습이 된다. 거머리가 100번에 통했다면, 사람이 100번 반복해서 안 될 것이 어디 있겠는가? 이와 같이 중요한 것은 나의 삶의 습관을 변화시키기 위해서 매일매일 노력해야 한다는 것이다. 그렇다면 어떤 습관들을 변화시켜야 할 것인가?

① 성품이 우선이다

미국 초대 대통령이자 독립군 사령관인 조지 워싱턴(George Washington)은 '국부'로 불렸다. 그는 숭배의 대상이 되지는 않았지만 그의 인품과 너그러움, 그리고 올바른 행동 때문에 존경을 받았다.

그러나 조지 워싱턴이 훌륭한 자질을 선천적으로 타고난 것은 아니다. 그는 중산층 출신으로 별다른 배경 없이 인생을 시작했다. 어느 날 성공을 꿈꾸는 10대 소년인 조지 워싱턴은 『사교와 대화를 할 때 예의 바르고 품위 있게 행동하는 법칙』(The Rules of Civility and Decent Behavior in Company and Conversation)이라는 책을 만난다. 워싱턴은 이 책의 110개의 원칙을 자신의 노트에 그대로 옮겨 적었다. 그리고 이 원칙을 평생 반복하며 습관화하고 지켰다. "정중함의 원칙"을 지킴으로써 그는 "국민들이 가슴속 깊이 새기는 첫 번째 인물"로 존경받을 수 있는 행동을 습관화했다.[30] 위대한 성품을 의식적으로 반복하고 습관화하며 자신의 것으로 만들 때 우리는 위대한 사람이 될 것이다.

---

30) 브라이언 트레이시, 『백만 불짜리 습관』, 15p, 용오름.

② 습관 리스트를 작성하라

다시 말하지만 우리의 삶은 습관으로 구성되어 있다. 하지만 사람들에게 구체적으로 어떤 습관을 가졌는지 말해 보라고 하면 쉽게 대답하지 못한다. 우선은 내가 어떤 습관을 지녔는지 알아야 한다. 사람을 대할 때, 공부할 때, 일을 할 때 등, 내가 지닌 좋은 습관들과 나쁜 습관들을 알아야 한다. 공부할 때 책상에 앉지 않고 누워서 공부하는 습관을 지녔다면 좋지 못한 습관이다. 우선은 책상 앞에 앉는 습관을 길러야 한다. 이렇듯 내가 지닌 좋은 습관, 나쁜 습관을 기록해 보아야 한다. 그리고 내 삶의 방식으로 만들었으면 하는 바람이 있는 습관들도 기록해 보고 하나씩 하나씩 꾸준히 연습해 나갈 때 변화를 가져올 것이다.

3. 어떻게 변화될 것인가?

1) 깨진 창 이론

루디 줄리아니(Rudy Giuliani)는 뉴욕시장으로 유명해진 사람인데, 9.11 테러의 재난을 잘 처리해 전 세계 사람들에게 박수갈채를 받았다. 이 사람이 쓴 『리더십』이라는 책을 보면 그가 시장으로 재임하기 전에 매년 살인 사건이 일어났는데 재임 전인 1993년도에 살인범이 거의 2000명에 가까운 1946명이었다. 그런데 그의 첫 재임 연도인 1994년도에는 1561명으로 떨어졌고 1996년도에는 991명, 그가 마지막으로 일했던 2001년에

는 642명으로 줄었다. 시장으로 일했던 8년 동안 범죄율이 무려 67%나 감소했다.[31]

변화가 절실한 사회의 여러 분야와 범죄율에서 짧은 재임 기간에 그토록 많은 변화를 가져온 줄리아니의 정책은 무엇이었을까? 경찰 병력을 늘리는 일이었을까? 범죄를 신고하면 보상을 해 주는 일이었을까? 도대체 어떤 정책을 사용하였기에 이런 놀라운 변화가 일어나게 된 것일까? 줄리아니의 말에 의하면, 긍정적인 변화는 깨진 창을 고치는 데에서 시작됐다고 한다. 그가 한 말이다.

> "내가 범죄와의 전쟁을 시행하려는 '깨진 창' 이론의 핵심은 바로 '작은 일부터 손보기'이다. 버려진 건물의 깨진 유리창처럼 하찮아 보이는 것이 주변 지역의 심각한 퇴락으로 직접 연결된다는 이론이다. 멀쩡한 건물에 돌을 던지지 않을 사람도 이미 창이 깨진 건물에는 두 번째 창을 향해 주저 없이 돌을 던진다. 두 번째 창을 깬 사람은 이에 고무되어, 불법 행위를 저지하는 사람이 주변에 아무도 없음을 알면 한층 더 대담하고 심각한 일을 저지른다."

즉 통제하기 어려운 범죄 같이 큰 문제를 해결하려거든, 깨진 창을 고치는 것처럼 작은 일부터 시작해야 한다는 것이다. 당신의 삶에 있어서 깨진 창은 무엇이라 생각하는가? 어디서부터 변화할 것인가? 성경은 '네 시작은 미약하였으나 네 나중은 심히 창대하리라.'(욥 8:7)라고 말하고 있다. 작은 변화의 시작이 놀라운 결과를 가져다 줄 것이다.

---

31) 존 트렌트, 『2°변화』, 60p, 스텝스톤.

우리 속담에 '작은 낙숫물이 돌을 뚫는다.'라는 말이 있다. 조금씩 꾸준히 하면 불가능해 보이는 산도 정복할 수 있다. 변화는 작은 곳에서부터 조금씩 일어날 때 눈덩이 같은 산사태로 우리의 삶을 바꾸어 놓을 것이다. 성실이란 덕목이 필요하다. 크리스천은 성실해야 한다. 왜냐하면 하루하루가 하나님께서 나에게 주신 너무나 소중하고 귀한 선물이기 때문이다. 꿈을 이룬 사람들은 한결같이 성실과 열정이 중요하다고 이야기한다.

2) 총각네 야채가게

성실과 열정으로 성공한 '총각네 야채가게' 이야기가 있다. 이 가게는 서울에 8개의 지점이 있고 80여 명의 총각들이 일하는 18평의 조그만 야채가게이다. 놀라운 것은 이 조그만 점포가 대한민국에서 평당 최고 매출액을 올린다는 것이다. 가게는 문을 열기도 전에 손님들이 줄을 서며 문을 연 시간에는 사장이 교통정리를 한다. 또 물건이 오후에 다 팔리면 더 이상 장사를 하지 않고 문을 닫는다고 한다. 이런 성공의 비결이 무엇일까?

이영석 사장은 대학 졸업 후 5-6년간 트럭행상을 할 때부터 매일 새벽 2시에 일어나 신선한 물건을 찾기 위해 농산물 도매시장으로 달려갔다고 한다. 새벽 2시부터 가게 문을 닫는 오후 7시까지 정신없이 지내고 오후 7시에 가게 문을 닫는다 해도, 물건 정리와 매출금 정리 등을 해야 하니, 이영석 사장이 잠자리에 드는 시간은 빨라야 저녁 9시나 10시가 되었을 것이다. 그는 이렇게 말한다.

"사실 나도 날마다 새벽에 일어나서 시장에 가는 게 항상 즐거운 게 아닙니다. 특히 추운 겨울에는 정말이지 더 힘듭니다. 내가 좋아하는 말 중에 49%와 51%라는 말이 있는데, 이 차이가 뭔지 알아요?"

"그야 50%를 기준으로 했을 때 1%의 많고 적음이죠."

"그래 그것입니다. 바로 그 1%의 마음을 잡아야 합니다!"[32]

쉽게 성공하는 방법은 세상에 존재하지 않는다. 작은 변화를 위한 마음을 끝까지 붙잡고 성실함으로 세상에 도전할 때 세상은 우리 앞에 굴복하게 된다. 비전을 이루는 사람들은 성실과 열정으로 자신의 키워드를 향해 매일매일 살아가는 사람들이다.

4. 비전을 이루는 요소

실천력, 동역자, 끈기, 자신감, 구체적인 목표, 구체적인 행동강령, 철저한 자기관리 등 수없이 많다. 이 모든 것을 한마디로 요약하면 당신의 변화이다. 꿈, 목표, 사명, 비전을 이루고 싶은가? 예수님께서는 인류의 변화를 위해 자신의 목숨을 십자가에 지불했다. 그리고 "너희도 십자가를 지고 나를 따르라."라고 권면하신다. 당신의 삶에 변화의 대가를 지불하라. 주님은 그분이 행하신 일보다 더한 일을 바로 나를 통해 이루어 가실 것이다.

---

[32] 예병일, 『성공 자기경영을 위한 101가지 비타민』, 23p, 플루토북.

실천훈련

꿈을 이루는 것은 바로 사람이다. 더 자세하게 말하면 변화된 당신이다.

1. 꿈을 가로막는 것도 바로 나이다. 꿈을 방해하는 나의 삶의 습관들이나 행동들 중 변화되지 않고서는 절대로 꿈과 비전을 이룰 수 없는 부분이 무엇인가? 변화되어야 할 영역이 있다면 무엇인지 적어 보자.

2. 이 목록 중에 가장 먼저 실천해야 할(하고 싶은) 내용은 무엇인가? 이 영역을 변화시키기기 위해서 어떻게 행동해야 할 것인가? 이것에 대한 세부적인 계획들을 작성해 보자.

3. 당신이 지닌 좋은 습관 목록을 작성하라.

당신이 지닌 나쁜 습관 목록을 작성하라.

당신이 지니고 싶은 습관 목록을 작성하라.

제7장
좋은 습관을 훈련한 자가 비전을 이룬다

V D+G+P+M+W, V ⇐ C+T(traing)

1. 비전의 피날레

비전에 관해서 지금까지 많은 이야기를 했다. 비전이란 큰 꿈을 꾸고, 그 꿈을 구체적으로 목표화해서 실천하고 실행하는 것이다. 그리고 그 꿈과 목표는 하나님 안에서 선하고 올바른 목적이 있어야 하며 각자 각자를 향한 하나님의 사명을 발견하여 하나님께 간구하는 소원이 바로 비전이라고 이야기했다. 그리고 그 비전을 이루기 위해서 변화해야 한다고 강조했다. 죄에 대해서 그리고 생각과 가치관에 대해서 우리 삶의 구체적인 행동과 습관에 대해서 변화해야 한다고 설명했다.

비전의 목적 부분에서 언급했듯이 우리 크리스천의 비전은 세상의 빛과 소금이 되는 것이다. 이것은 세상을 향해 하나님의 선한 '영향력'이 되는 것이다. 스티븐 코비는 『성공하는 사람들의 7가지 습관』에서 우리에게 관심의 원과 영향력의 원이 있다고 말한다. 그리고 우리가 통제할 수 없는 문제에 신경 쓰기 이전에 우리가 통제할 수 있는 영역, 즉 영향력의 원 안에 있는 부분에 집중하게 될 때 그것을 더욱더 확장시켜 나갈 수 있다고 설명하면서 마하트마 간디(Mohandas Karamchand Gandhi)의 예를 들었다.

"간디는 자신의 반대파들이 의사당에 모여 대영제국의 인도 국민에 대한 탄압을 성토하면서 그가 그들의 관심의 원에 합류하지 않는다는 사실을 비난하고 있을 때 시골에서 조용히, 천천히 그리고 눈에 띄지 않게 자신의 영향력의 원을 농민들에게 넓혀 가고 있었다. 그 결과 간디에 대한 지지, 신뢰, 믿음의 열기가 점차 전국적으로 확산되었다. 간디는 비록 아무런 공식적 지위나 정치적 지위도 갖지 않았지만 그가 가진 열정, 용기, 단식과 도덕적 설득을 통해 영향력의 원을 확대했고 마침내 3억의 인도인을 지배하던 영국을 무릎 꿇게 하였다."

그러면서 코비는 내면에서부터 시작하라고 권면한다. 세상을 바꾸기 위해서, 영향력 있는 삶을 살아가기 위해서 내가 통제할 수 있는 영역부터 시작해야 한다. 크리스천의 비전은 세상에 나만의 사명을 가지고 영향력을 발휘하는 것이다. 우리가 하나님의 방식대로 살아간다면, 즉 하나님의 말씀대로 살아간다면 우리는 세상에 영향력을 줄 수밖에 없다. 우리의 기준과 세상의 기준이 다르기 때문이다. 먼저 우리가 가진 영향력의 원이 무엇인가? 우리의 내면에서부터라면 어디부터인가? 어디에 먼저 우리가 집중해야 할까?

2. 분명한 것은 훈련이 필요하다

"육체의 연단은 약간의 유익이 있으나 경건은 범사에 유익하니 금생과 내생에 약속이 있느니라." (딤전 4:8)

이 말씀을 쉬운 성경으로 보면 이렇다.

"육체의 훈련은 약간의 도움을 주지만 하나님을 섬기는 경건의 훈련은 모든 일에 유익합니다. 경건은 이 세상에서의 생명뿐 아니라, 앞으로 올 세상에서의 생명도 약속해 줍니다."

훈련의 정의를 보면 자제, 어떤 것을 정확히 하고, 틀에 맞추어 가며, 강화시키고, 또 완벽하게 하는 것이다. 육체의 훈련도 유익을 준다. 지금 흘리는 땀 한 방울이 전투에서 피 한 방울을 아낄 수 있게 해 준다."라는 말처럼 훈련된 군사는 전쟁에서 유용하다. 우리는 늘 언제나 영적인 전쟁 가운데 살아가는 사람들이다. 그렇기에 더욱 경건의 훈련으로 무장된 주의 영적 군사가 되어야 한다.

열역학 제 2법칙 엔트로피 법칙에서 모든 변화는 엔트로피가 증가하는 방향으로(즉 무질서가 증가하는 방향) 변한다고 한다. 이것은 영적인 영역에도 똑같이 적용된다. 인간사고계는 특별한 에너지의 주입 없이 본성대로 방치하게 되면 자연스럽게 무질서가 증가하여 끊임없는 불안감과 부정적인 생각으로 채워진다는 것이다. 그러기에 우리는 변화를 위한 훈련이 필요하다.

3. 크루세이드 훈련

한국대학생선교회(CCC) 전주지구에서는 겨울방학에 기드온 수련회라는 훈련 프로그램이 있다. 일명 십자군 훈련이라고도 하는데 쉽게 설명하면 기독교인을 위한 해병대 캠프와 같은 훈련이다. 나도 1학년 겨울방학 때 아무것도 모르고 따라간 이 수련회에서 예수님을 인격적으로 만났다. 그리고 매년마다 있는 이 기드온 수련회는 나의 삶에 늘 중요한 터닝 포인트가 되어 주었다. 얼마나 힘들고 어렵고 강한 훈련인지 이 훈련을 받고 군에 입대한 형제들이 있었다. 군에서 제대한 그들의 고백이 기드온 훈련을 받고 군에 입대하니 군 훈련이 별게 아니었다고 고백할 정도로 강한 훈련이었다. 단순히 몸을 고되게 하는 것이 이 훈련의 취지는 아니다. 이런 훈련을 하는 이유는 크게 네 가지가 있다.

첫째는 예수 그리스도의 고난의 흔적을 우리의 몸에 새기기 위함이다. 우리는 예수님의 십자가 고난에 대해 수없이 듣는다. 하지만 솔직히 그것이 현실감 있게 우리의 것이 되지 않는다. 이 훈련에서는 모진 얼차례도 경험하고 엄청나게 거대한 목봉도 든다. 새벽녘에는 무거운 십자가를 지고 언덕에 올라간다. 그리고 간이 관속에 들어갔다 나오는 체험을 한다. 자신이 경험하지 않고 다른 이의 아픔을 그만큼 깊이 있게 이해하기는 쉽지 않다. 힘들고 어렵고 굳이 감당하지 않아도 되는 고난을 직접 경험하신 그 예수님에 대해 조금 더 깊이 있게 묵상하고 우리의 몸에 그리스도의 고난의 흔적을 조금이라도 새기기 위해 이 훈련을 받는다.

두 번째는 자기 자신과의 싸움에서 승리하기 위함이다. 우리는 날마다 영적인 전쟁터에서 살아가고 있다. 그리고 그 영적인 싸움과 자신과의 싸움에서 지고 무너지는 연약함을 경험한다. 빈약한 의지력, 게으름, 나태함, 영적 안일함 등이 우리의 삶을 무너지게 한다. 되는 대로 살아가는 우리의 영육을 강건하게 하기 위해서 이 훈련을 받는다.

'악으로 깡으로!'

이렇게 외치면서 기드온 훈련을 수료하고 나면 자신감이 생긴다. 이렇게 강한 훈련도 견디어 냈다는 자부심이 생긴다. 그리고 함께 훈련받은 동기들과 진한 전우애가 생긴다. 이렇게 같이 훈련받은 사람들과 함께라면 세상 사람들이 안디옥 교회 사람들을 향해 말했던 것처럼 '세상이 감당 못할 사람들'이 될 것 같다. 이렇게 이 훈련은 자신과의 싸움에서 우리를 승리의 출발점에 서게 해 준다.

세 번째는 심령이 가난한 자는 복이 있기 때문이다. 고난이 있을 때, 힘듦이 있을 때, 어려움이 닥칠 때, 우리의 마음은 가난해진다. 그리고 심령이 가난할 때 하나님을 찾게 된다. 사람의 마음은 참으로 간사하다. 편하고 쉬워지면, 자신의 힘과 능력으로 잘 살아갈 수 있다면 하나님을 좀처럼 찾으려 하지 않는다. 힘들고 어려운 훈련은 심령을 가난하게 해 준다. 정말로 심령이 가난한 자는 복이 있다. 왜냐하면 가난한 마음에는 충만한 하나님의 사랑이 채워지게 되기 때문이다. 이렇게 힘들고 어려운 훈련이지만 이 수련회는 동기부여를 하지 않아도 된다. 다녀온 사람들에 의해 다 동기부여가 되어지기 때문이다.

'꼭 가야 한다. 절대로 절대로 후회하지 않는다.'

다녀온 사람들이 모두 하는 고백이다. 그리고 그곳에 다녀온 사람들 중에 은혜를 경험하지 못했다는 사람을 나는 지금껏 보지 못했다.

마지막으로는 순장(영적 리더)이 되기 위함이다. 영적인 리더가 되기 위해서는 순종이 필요하다. 기드온 훈련은 절대 순종을 요구한다. 그리고 자신과의 싸움에서 승리해야 한다. 영적인 전쟁에서 강한 군사가 되어야 영적 리더가 될 수 있다. 이 훈련에서는 김준곤 목사님의 '민족 복음화의 꿈'을 외우고 외친다. 그러면서 캠퍼스와 민족과 세계를 품는다. 하나님 나라의 회복과 확장을 위해서 하나님의 강한 군사들로 거듭나게 된다. '민족 복음화의 꿈'은 다음과 같다.

4. 민족 복음화의 꿈

어머니처럼 하나밖에 없는 내 조국, 어디를 찔러도 내 몸같이 아픈 조국 이 민족 마음마다, 가정마다, 교회마다, 사회의 구석구석 금수강산 자연환경에도 하나님 나라가 임하게 하시고 뜻이 하늘에서처럼 이 땅에서 이루어지게 하옵소서.

이 땅에 태어나는 어린이마다 어머니의 신앙의 탯줄, 기도의 젖줄, 말씀의 핏줄에서 자라게 하시고 집집마다 이 집의 주인은 예수님이라고 고백하게 하시고, 기업주들은 이 회사의 사장은 예수님이고 나는 관리인이라고 고백하는 민족, 두메 마을 우물가 여인들의 입에서도, 공장의 직공들, 바다 선원들의 입에서도 찬송이 터져나게 하시고, 각급 학교 교실에서 성경이 필수 과목처럼 배워지고 국회나 각의가 모일 때도 주의 뜻이 무엇인지 먼저 묻게 하시고, 국제시장에서 한국제 물건들은 한국인의 신앙과 양심이 의례히 보증수표처럼 믿어지는 민족.

여호와를 자기 하나님으로 삼고
예수 그리스도를 주로 삼으며
신구약 성경을 신앙과 행위의 표준으로 삼는 민족

민족의식과 예수의식이 하나 된 지상 최초의 민족

그리하여 수십만의 젊은이들이 예수의 꿈을 꾸고 인류구원의 환상을 보며

한 손에는 복음을

다른 한 손에는 사랑을 들고

지구촌 구석구석을 누비는

거룩한 민족이 되게 하옵소서!

5. 잊을 수 없는 기억

 이 수련회 가운데 잊을 수 없는 순간이 있었다. 그해 수련회는 유독 환자들이 많이 발생했다. 다치고 아프고 병원에 가는 학생들이 많았다. 훈련받는 훈련생들이 있다면 훈련을 시키는 조교들과 교관들도 있다. 하지만 조교들과 교관들 역시 학생들이었다. 물론 학년이 높은 고학년들이고 특별히 선출한 학생들이었다. 조교, 교관들과 나눔을 하는데 이들의 마음 역시 참으로 가난해 있었다. 너무나 필요한 훈련이지만 많은 사람들이 다치고 병원에 가는 것을 보면서 계속해야 할지 말아야 할지, 마음이 어렵다는 나눔이었다. 전체 리더였던 학생 대표는 "그렇지만 우리가 오랫동안 기도하고 준비했던 수련회입니다. 나 역시 마음이 좋은 것만은 아니지만 우리의 역할이 필요합니다. 캠퍼스에 훈련되지 않은 리더들을 보면서 결코 대충대충할 수 없는 수련회입니다."라며 다독이고 있었다.

 그들과 나는 식당에서 나눔을 하고 있었고 훈련생들은 예배당에서 예

배를 드리고 기도회를 할 시간이었다. 기도회를 인도해야 해서 조교, 교관 나눔을 마무리하고 기도회를 위해 예배당에 왔다. 기도회를 인도하려고 훈련생들 앞에 섰는데 하나님께서 이런 감동을 주셨다.

"여러분! 조교들과 교관들이 밉죠? 하지만 그들도 동일한 훈련을 받은 여러분들의 선배들입니다. 겨울방학 시작부터 이 수련회를 위해서 이들이 얼마나 눈물을 흘리며 기도하고 얼마나 열심히 준비했는지 여러분들은 모릅니다. 매주 모였고 토론하고 기도하며 준비했습니다. 여러분들이 입소하기 며칠 전부터 들어와서 언 땅을 파고 장작을 만들고 십자가를 만들기 위해서 얼마나 고생했는지 모릅니다. 그런 이들이 지금 힘들어하고 있습니다. 부상당하고 다치는 사람들이 많아서 계속 해야 할지 말아야 할지 고민하며 기도하고 있습니다. 지금은 기도회 시간이지만 식당에 가서 혹시 그들을 위해서 중보하실 분들은 그곳에 가서 중보해 주었으면 좋겠습니다."

말이 끝남과 동시에 그곳에 있는 모든 훈련생들이 뛰어 나갔다. 그리고 식당에 가서 조교들과 교관들의 목을 껴안고 기도하는데 그곳에서 우리는 마가의 다락방을 경험했다. 불의 혀같이 갈라지며 성령님이 임재하는 것이 무엇인지, 그 장면을 보면서 이런 모습이지 않을까? 라고 생각했다. 목놓아 기도한다는 것이 무엇인지 말 그대로 체험했다. 한 사람도 빠짐없이 땅을 치고 회개하면서 기도하는데 '성령님이 하시는 일은 이런 것이구나!'라는 사실을 목도했다. 도대체 이 다음에 어떻게 해야 좋을지… 그냥 놔두면 목은 다 쉬어 버리고 밤을 새면서 기도할 것 같았다. 이날 많은 사람들이 방언을 받았다. 그리고 지금까지도 평생 잊지 못할 성령님의 임재와 체험이었다고 간증하고 있다.

6. 영향력을 확장시키기 위해 어떤 영적인 훈련이 필요할까?

우리의 비전을 이루려면 내면에서부터의 많은 변화와 훈련이 필요하다. 이 장에 많은 내용을 담지는 않았지만 작은 영역이라도 실천할 수 있는 내용 위주로 썼다. 한꺼번에 실천하지 않아도 좋다. 하나하나 당신의 삶의 습관이 된다면 놀랍게 변화하는 삶이 될 것이다. 삶이 변화하는 훈련이 되기를 소망한다.

1) 신령과 진정으로 예배드리는 습관을 훈련하라

우리의 삶의 목적은 하나님께 영광을 돌리는 삶이다. 한마디로 말하면 하나님을 기쁘시게 하는 삶이다. 하나님께서 참으로 기뻐하시는 것은 "신령과 진정으로 예배하는 것"이다. 하나님께서는 성경을 공부하는 자, 양육하는 자, 기도하는 자, 전도하는 자를 찾는 것에 앞서 오직 "신령과 진정으로 예배하는 자를 찾으신다."(요 4:23)고 성경은 말해 주고 있다. 신앙생활에 있어서 가장 중요한 것을 꼽으라면 바로 예배이다. 진정한 부흥을 꿈꾼다면 가장 먼저 회복해야 할 것도 바로 예배이다. 예배에는 기쁨이 있다. 감격이 있다. 은혜가 있다. 감동과 축복이 있다.

"신앙의 중심부에는 반드시 예배의 대상이신 하나님을 향한 참된 사랑과 경배가 있다. 그리고 예배는 바로 그런 하나님을 향한 경외심의 전형적인 표현이다."

"여호와를 경외하라. 그것이 모든 지혜의 근본이라."라고 말씀하심 같이, 우리의 삶에 하나님을 높이는 시간이 곧 예배이다.

"오늘날 조국 교회가 당면한 커다란 문제 중 하나는 형식화된 예배다. 엄격히 말해서 이렇게 형식화된 예배의 문제는 단지 교회가 직면한 여러 문제들 중 하나가 아니라 모든 문제의 근원이 되고 있다. 의식도 없이, 하나님을 뵙고자 하는 거룩한 갈망도 없이 예배에 참여하는 예배자들의 마음과 불붙는 진리의 선포를 상실한 강단과 공모하여 형식화된 예배를 만들어 내고 있다. 그러나 예배의 영광스러운 회복 없이 교회가 영광스러웠던 시절이 없었다."

오늘날 참으로 필요한 것은 예배의 영광스러운 회복이다. 예배의 홍수 속에서 참되게 하나님을 만나고 높일 수 있는 시간 그러한 예배의 회복이 필요하다.

이런 예배를 드리고 싶습니다.

1. 영성하지만 감격과 환희의 눈물이 젖어 있는 찬양이 있는 예배를 드리고 싶습니다.

2. 설교의 앞뒤 문맥이 잘 맞지 않아도 하나님 앞에서 감히 고개를 들지 못하여 가슴만 치던 세리들과 창기들의 기도가 있는 예배를 드리고 싶습니다.

3. 아름다운 벽화도, 예쁘게 장식된 꽃꽂이도 없이 마구간 같은 냄새가 나고 의자는 다 부서져서 앉을 자리는 불편해도 하나님을 만나고 있다는 생각에 모든 것이

감사하다고 고백하는 겸손한 사람들의 예배를 드리고 싶습니다.

4. 사람과 지식과 기교로 교만한 자들의 허영심을 즐겁게 하는 설교가 아닌 목숨을 걸고 하나님의 영광스런 임재 앞에 나아가 그분의 거룩한 말씀을 가슴에 새기고 나와서 눈물과 통곡으로 외치던 옛날 선지자들의 그 목소리를 듣고 싶습니다.

5. 불의의 재물과 교만한 마음의 장식물과 같은 헌금 대신 마음속 깊은 곳에 숨겨놓은 순전함을 드리는 과부의 두 렙돈으로 예배하고 싶습니다.

6. 자신의 종교적 의에 도취되어 하나님을 소외시키는 바리새인들의 제사가 아닌 신령과 진정으로 드리는 믿음의 제사를 드리고 싶습니다.

7. 말씀 시간이 10분만 길어져도 지겨워지는 예배가 아닌 예수님의 말씀에 온 인격이 매료되어 그의 발 곁을 떠나지 않던 마리아가 드렸던 바로 그 예배를 드리고 싶습니다.

8. 하나님의 영광이 나타나 인간의 더러운 인격을 녹이고 하나님의 신이 성품을 새롭게 하시는 그 예배를 드리고 싶습니다.

9. 우리끼리 소금 치고 빛 뿌리고 손뼉 치는 그 곳 밖에서 울고 계신 예수님 앞에 나아가 그분의 눈물 앞에 무릎을 꿇는 그런 예배를 드리고 싶습니다.

10. 축도가 끝나면 남남이 되어 빨리빨리 자신의 자리로 도망가는 콘서트 같은 예배가 아닌 예배의 끝남이 아쉽고 안타까워 자리를 뜨지 못한 채 그분의 임재 앞에 우두커니 서 있던 여호수아의 경외심으로 드리는 그런 예배를 드리고 싶습니다.

(예배를 사모하는 작자 미상)

예배의 회복이 단순히 목사님과 교역자들만의 문제인가? 그렇지 않다.

우리가 할 수 있는 영향력의 원에서부터 시작하자. 환경이 어떠하든지 은혜를 받고자 하는 사모함을 가진 자에게는 하나님의 은혜가 함께한다. 바울과 실라는 옥중에서도 예배하여 옥문이 열리는 기적을 경험했다. 누군가를 비난하고 불평하기에 앞서 나의 마음과 태도부터 예배를 간절히 사모함으로 나아가자.

실천 훈련

① 10분 전에 와서 앞자리(S석 금자리)에서 기도하는 습관을 훈련하자.
누군가와 약속해도 10분 전에 나온 사람과 늦어서 오는 사람의 마음가짐은 다를 수밖에 없다. 누구보다도 먼저 와서 하나님을 사모하고 기대하며 기도하는 습관을 훈련하라. 연극이나 공연에 가도 R석과 특별석이 있다. 우리는 일찍만 가면 그 귀한 자리를 얻을 수 있다. 어디에 앉느냐는 참으로 예배에 중요하다. 금자리, 은자리, 동자리, 똥자리라는 말처럼 금자리를 사모하는 습관을 훈련하자.

② 신령과 진정으로 온 맘 다해 찬양하는 습관을 훈련하자.
노래방에서만 목이 터지라고 노래할 것이 아니라 찬양 한 곡 한 곡 가사에 마음을 실어서 찬양해 보자. 전과는 전혀 다른 예배가 될 것이다. 온 맘 다해 찬양하는 습관을 훈련하자.

③ 설교를 메모하며 나에게 말씀하시는 하나님의 음성을 듣는 습관

을 훈련하자.

　설교를 듣는 마음가짐은 사금을 캐는 마음과 같아야 한다는 말이 있다. 사금이 돌과 작은 모래 같은 불순물들 속에 들어 있듯이 하나님께서 나에게 주시는 사금을 찾는 마음으로 들을 때 하나님의 귀한 음성을 들을 수 있다. 설교를 메모하며 듣자. 하나님께서 나에게 말씀하시는 음성을 듣기 위해 주의 깊게 듣는 습관을 훈련하자.

2) 개인 경건의 삶(기도)을 훈련하라

　어느 목사님이 이런 말씀을 하셨다.
　'모든 질병이 감기에서 시작되듯이 모든 신앙의 문제는 기도의 부재에서 시작됩니다. 감기가 발전해서 폐렴이 되고 폐렴이 발전해서 폐암까지 갑니다. 마찬가지로 기도의 부재에서 영적인 침체가 오고 나중에는 영적인 패배로 고착됩니다.'
　제일 쉽지만 제일 하지 않는 일이 바로 기도인 것 같다. 기도는 영혼의 호흡이라고 말하지만 호흡하지 않고 살아가는 크리스천들을 많이 보게 된다. 실제로 학생들을 지도하면서 학생들이 좀처럼 훈련되지 않는 부분 또한 바로 이 기도에 관한 부분이다.
　하지만 하나님과 대화하며 교제하는 삶, 하나님의 음성을 듣고 하나님 앞에 순종하는 삶을 살아갈 때 우리는 어마 어마한 능력을 소유한 신분으로 살아갈 수 있다.
　기도에 이런 엄청난 능력이 있다는 것을 잘 아는 것이 악한 마귀이다.

그래서 할 수만 있다면 모든 수단과 방법을 동원해서 기도를 못하게 만든다. 바쁘게 만들고, 이유를 만들고 어떨 때는 핍박을 통해서 어떻게든 기도를 못하게 하려고 모든 수단과 방법을 동원한다.

기도에 대해서 더 강조하지 않아도 크리스천 중에 기도의 중요성에 대해 간과하는 사람은 없다. 기도는 책이나 교육을 통해서 얻어지고 배워지는 것이 아니다. 실제적으로 내가 실천과 경험을 통해서 얻어진다. 지금 바로 기도하자.

실천 훈련

① **일어남과 동시에 잠들기 전에 무릎 꿇고 기도하는 습관을 훈련하자.**

하나님께 새로운 하루에 대해 감사하는 기도와, 오늘 하루 가운데 은혜 주시길, 인도해 주시고 동행해 달라고 짧게라도 기도하자. 우선순위를 하나님 앞에 내어 드리자. 일어남과 동시에, 잠들기 전에 무릎 꿇고 기도하는 습관을 훈련하자.

② **호흡 기도, 골방 기도, 특별 작정 기도 등에 습관을 훈련하자.**

홀로 산책하거나 혼자 가야 할 곳이 있을 때에는 하나님과 동행하며 가자. 하나님 앞에 무시로 드리는 호흡 기도를 훈련하라. 하루 24시간의 24분이라도 골방에 들어가자. 그곳에서 하나님을 대면하여 만나자. 특별한 작정 기도로 하나님의 응답하심의 간증을 우리 삶의 예수 그리스도의 흔적으로 가지고 살자. 호흡 기도, 골방 기도, 특별 작정 기도 등의 습관을 훈련하자.

③ 중보 기도 모임에 참석하는 습관을 훈련하자.

변화해서 꾸준히 할 수 있게 만드는 방법은 시스템이라고 했다. 혼자서 기도가 힘든 사람은 같이 하는 기도 모임에 참석하자. 장작은 모여서 탈 때 활활 타오를 수 있다. 중보 기도 모임에 참석하는 습관을 훈련하자.

3) 개인 경건의 삶(말씀)을 훈련하라

스티븐 코비가 강의할 때 종종 사용하는 방법이 있다. 청중들에게 눈을 감은 채 옆 사람을 보지 말고 손을 들어 정북향을 지적해 보라고 한 후, 눈을 뜨라고 하면 강당은 예외 없이 웃음바다가 된다고 한다. 왜냐하면 청중들의 팔과 손가락이 사방으로 다른 방향으로 가리키고 있기 때문이다. 그리고 "도대체 누가 맞은 걸까요?"라고 물으면서, 투표에 의해 결정하되 다수가 맞는 것으로 하자고 제안하면 또 한 번 청중들이 웃음을 터트린다고 한다. 그리고 호주머니에서 나침반을 꺼내어 정북향을 가리켜 보여 준다고 한다.

스티븐 코비는 이것을 통해서 얼마만큼 원리와 원칙, 자연법칙들이 중요한지를 이야기한다. 하지만 삶의 모든 원리와 원칙들, 살아가는 방법과 모든 지혜가 바로 이 성경에 있다. 성경은 우리에게 왜 살아야 하고, 어떻게 살아야 하고, 어떤 삶이 지혜롭고 올바른지 교훈해 주고 있다. 성경은 최고의 베스트셀러이고 아직도 살아 역사하는 하나님의 말씀이다. 이 말씀이 내 안에 살아 넘치게 될 때 우리의 삶이 진정으로 살아 있는 삶이 될 것이다.

실천 훈련

① **성경을 하루에 3장, 주말에 5장을 읽어 일독하는 습관을 훈련하자.**
성경을 읽기 전에 하나님의 도우심을 구하고 읽어라. 모든 일 앞에 말씀을 읽고 시작하는 것을 훈련하라. 일어나자마자 기도하고 1장 읽고, 나가기 전에 1장 읽고 나가고, 공부하기 전에도 1장 읽고, 일하기 전에도 1장 읽고, 잠들기 전에도 1장 읽고 자라. 성경 읽기표는 꼭 체크하라. 매 순간 순간 말씀을 읽어 일독하는 습관을 훈련하자.

② **성경 말씀을 암송하는 습관을 훈련하자.**
암송하라. 명찰, 수첩, 다이어리, 핸드폰, PMP 등 어디에든지 저장해 놓고 매일매일 말씀을 암송해라. 암송하면 당신의 머리가 명석해진다. 유태인이 세계의 석학들을 배출하는 이유가 토라를 암송하는 그들의 교육과 연관이 있다. 말씀을 암송하자. 노벨상의 주인이 바로 당신이 될 수 있다.

③ **QT를 매일 매일 해라. 빼먹지 않고 하는 습관을 훈련하자.**
매일 오고 다른 내용일지라도 신문은 식상하다. 하지만 성경은 똑같은

내용일지라도 언제나 새롭다. 하나님의 말씀을 매일 묵상해라. 나에게 말씀하시는 하나님의 음성을 듣는 연습을 해라. 당신의 영혼을 살찌우게 할 말씀을 매일 부지런히 먹자.

4) 자기관리, 시간관리를 훈련하라

모든 사람에게 공짜로 주어지는 것이 두 가지가 있다. 그것은 바로 시간과 말이다. 참으로 신기한 것 중에 한 가지는 성공하는 사람들의 기상시간이다. 월간 「중앙」이 국내 대기업 70여명의 CEO에게 물어보았다. 조사한 70명 가운데 67명이 자신을 아침형 인간이라고 대답했다. 응답자의 95.7%가 아침형 인간이었다. 이것은 비단 한국뿐만 아니라 미국에서도 마찬가지이다.

맨하탄에 가 보면 아직 어둠이 채 가시기도 전인 오전 6-7시쯤에 최고급 승용차들이 간간이 월스트리트 빌딩 숲으로 들어온다. 그들 대부분은 최고 연봉을 받는 금융회사의 CEO나 임원들이다. 오전 8시쯤에는 조금 더 많은 수의 자동차들이 건물로 속속히 나타난다. 차는 대부분 중 고급 승용차들이다. 이들은 금융회사의 중간간부이다. 오전 9시쯤에는 지하철 출구에서 밀려 나온 사람들이 출근 시간에 늦지 않으려고 허겁지겁 뛰어간다. 대부분은 일반직원들이다. 혹 직원이 오전 7시쯤 출근하는 경우가 있는데 그런 사람들은 몇 년 내에 월가의 주요 포스트로 승진할 확률이 매우 높은 사람들이라고 한다.[33]

---
33) 예병일, 『성공 자기경영을 위한 101가지 비타민』, 97p, 플루토북.

당신의 기상시간은 언제인가? 『성공하는 한국 사람들의 7가지 습관』에서 조신영 씨는 첫 번째 습관으로 규칙적인 새벽 기상에 도전한다. 새벽에 일어난다는 것은 시간을 버는 일과 동시에, 하루를 자신감과 승리에 찬 마음으로 시작할 수 있게 한다, 이것이 우리 삶의 주도적인 시작이 될 것이다.

매년마다 계획이 없이는 시간관리도 없다. 자기관리도 할 수 없다. 1년을 4분기로 나누어서 매분기마다 나름대로 목표와 계획을 세워라. 고정된 타임 테이블을 책상 앞에 비치하라. 수시로 계속 업그레이드 하라. 자기가 사용하는 시간 지출표를 작성하라. 자기가 사용하는 시간을 알 필요가 있다. 해야 할 일 목록을 작성하라. 절대 미루지 마라. 해야 할 일은 미리미리 하는 훈련을 하라. 항상 문서를 작성하고 피드백하는 것을 훈련하라. 팡세를 적어라. 1주일에 적어도 한 번은 자신의 삶에 대하여 돌아보며 나눔의 시간을 가져라. 심는 대로 거두는 것이 우리네 인생의 변하지 않는 법칙이다. 심지 않는 곳에서는 거두지 않으시는 것이 하나님의 법칙이며, 원칙이다.

김동길 교수가 서양 문화사 수업시간에 이렇게 이야기했다고 한다.

"오늘날 나를 이렇게 훌륭한 교수로 만들어 준 것은 박정희 대통령입니다. 왜냐하면 감옥에 들어가기 이전에는 거의 책을 읽지 않았는데 감옥에 들어가서부터는 할 일이 없어 그때부터 책을 읽기 시작해서 수백 권의 책을 읽었습니다. 그리고 나서 나와 보니까 내가 과거의 김동길이 아니라는 사실을 발견했습니다." [34]

---

34) 전병욱, 『파워 크리스천』 107p, 규장.

그러면서 감옥에 가든 다른 어디에 가든 졸업할 때까지 자신의 전문 분야에 200권 정도의 책을 읽는 사람이라면 그 사람은 역사를 바꾸는 사람이 될 것이라고 힘주어 말했다고 한다. 그 이야기를 듣고 도전을 받은 사람 중에 전병욱 목사가 있었다. 도전을 받은 전병욱 목사는 졸업할 때까지 열심히 책을 읽었는데 무려 516권의 책을 읽고 졸업했다고 한다.

이들 뿐만 아니다. 자동차 왕으로 불리는 헨리 포드는 일주일에 2달러의 박봉을 받던 직장이었을 때에도 늘 수입의 10분의 1을 떼어 기계학 잡지를 사서 보는 데 투자했다. 그래서 그는 결혼할 때 재산이라고는 기계학 잡지밖에 없었다고 한다. 발명왕 토마스 에디슨도 젊은 시절, 수중에 있는 대부분의 돈을 과학 서적과 실험재료를 사서 연구하는데 썼다고 한다. 많은 독서와 실험으로 결국 그는 발명왕이 되었다. 나는 지금까지 성공한 사람들 중에 독서에 대해 강조하지 않는 사람을 보지 못했다. 책을 사고 책을 읽는데 투자해라. 우리가 우리의 수익의 10%를 십일조로 기꺼이 헌금하는 것처럼, 우리의 삶에 자신을 위해 수익의 10%를 책을 사고 자신을 개발하는 일에 투자해야 한다.

실천 훈련

① **규칙적인 기상 습관을 훈련하자.**

규칙적인 기상 습관을 훈련하자. 일찍 일어나기 위해 일찍 자자. 일찍 일어난 시간에 해야 할 분명한 내용을 갖자. 기상시간과 수면시간을 기록해서 21일을 이상을 훈련하자. 자신의 시간 관리는 아침의 일어나는 시간을 관리할 때부터 가능해진다.

② 하루에 할 일 목록을 작성하고, 1년 4분기 계획과 목표를 세우는 습관을 훈련하자.

매일 아침 또는 저녁 잠자리에 들기 직전, 10분 동안 내가 해야 할 일 목록을 작성하자. 작성된 다이어리를 수시로 확인하자. 매 학기마다 나름대로 목표와 계획을 세워라. 고정된 타임 테이블을 책상 앞에 비치하라. 수시로 계속 업그레이드 하라. 자기가 사용하는 시간 지출표를 작성하라. 해야 할 일 목록을 작성하라. 절대 미루지 마라.

③ 독서의 습관을 훈련하자.

하나님께 십일조를 드리고 또한 자신의 미래를 위해 십일조하는 것은 어떨까? 자기 재정의 10%는 자신의 발전을 위해 투자하자. 독서하는 습관을 훈련하자.

5) 인간관계를 훈련하라

미국의 카네기 공과대학교에서 흥미로운 조사를 했다. 인생에서 실패한 사람 10,000명을 대상으로 실패 원인을 조사했는데, 대상자 중 85%에 달하는 사람들이 인생에서의 실패 원인으로 다름 아닌 원만하지 못한 인간관계를 뽑았다는 사실이다. 이 결과는 사람이 살아가는 데 지식, 학력,

기술이 아무리 뛰어나도 인간관계가 좋지 못하면 성공할 수 없음을 분명히 시사해 주고 있다.[35]

이런 비슷한 조사가 또 있다. 미국의 보스턴 대학교에서 '40년 연구'라는 제목으로 조사한 내용은 주목할 만하다. 이 대학교의 헬즈만 교수가 7세의 어린이 450명을 선정하여, 40년이 지난 후 이들의 사회 경제적 지위, 즉 출세 여부를 조사했다. 그런데 이들의 출세 및 성공을 가잘 잘 설명해 준 변수는 타인과 어울리는 능력, 좌절을 극복하는 태도, 그리고 감정 통제 능력으로 나타났다. 한 개인이 성공하고 출세하는 데 인간관계가 중요한 몫을 한다는 점을 보여 준 사례이다.[36]

우리는 이제 '무엇을 아느냐'보다 '누구를 아느냐'가 더 중요한 시대에 살고 있는 것 같다. 일은 혼자서 만들어 내는 것이 아니라 함께 만들어 가는 것이기 때문이다. 혈연, 지연, 학연 등이 한국 사회에 문제로 제시되지만, 돌이켜 생각해 보면 그만큼 인간관계의 중요성을 역설하는 부분이라고 생각할 수 있다. 당신이 알고 있는 사람들의 명단을 다 써 보아라. 그리고 이 중 세 달에 한 번이라도 연락을 하고 지내는 사람은 몇 명인가? 정기적으로 사람들에게 연락하는 것을 훈련하라. 모 연예인은 가계부 대신 인계부를 쓴다고 했다.

인간관계의 성공 법칙 중 '250명의 법칙'이 있다. 미국의 한 학자가 조사한 바에 의하면 미국인들은 평생 한 사람이 대략 250명과 친한 인간관계를 맺는다고 한다. 바로 이 점에 주시할 필요가 있다. 당신이 만나는 어느 조직이나 고객 한 사람마다 그 사람이 잘 알고 지내는 사람이 250명이

---

35) 이내화, 『마음 먹은 대로 된다』, 27p, 디지털 머니캡.
36) 이내화, 『마음 먹은 대로 된다』, 99p, 디지털 머니캡.

므로 어떤 한 사람을 대할 때 250명을 상대하듯이 정성껏 대하라는 것이 바로 '250명의 법칙'이다.

인간을 사회적 동물이라고 한다. 한마디로 표현하면 관계를 맺고 살아가는 존재라고 할 수 있다. 내가 개인적으로 존경하는 선교사님이 '선교도 역시 관계다.'라고 표현하였다. 하나님과 관계, 현지인과 관계, 동역자와의 관계, 이 관계의 끈이 얼마나 깊고 넓고 튼튼한지가 바로 사역의 열매라고 하였다. 좋은 관계가 좋은 사람을 낳는다. 관계없이 이루어지는 사역이 없다.

심리학자들은 "인간성에 있어서 가장 심오한 원칙은 다른 사람으로부터 인정받고자 하는 갈망이다."라고 말한다. 사람은 누구나 자신의 이야기를 하고 싶어 한다. 진지하게 진심으로 관심을 가져 주고 들어 주는 사람을 필요로 한다. 있는 모습 그대로 이해 받고 싶어 한다. 상담의 전부라고 해도 과언이 아닌 것은 열심히 적극적으로 잘 들어 주는 것이다. 당신은 누군가가 많이 찾는 사람인가? 아니면 아무도 당신을 찾지 않고 피하는 사람인가? 당신의 말을 많이 하기보다 먼저 그 사람의 마음을 헤아려 주고 들어 주자.

에이브러햄 링컨도 "모든 사람은 칭찬을 좋아한다."고 말한 바 있다. 『칭찬의 위력』이라는 책에 보면 칭찬의 위력에 대해서 다음과 같이 말한다.

1. 칭찬을 받으면 바보도 천재로 바뀌어진다.
2. 칭찬을 하면 칭찬받을 일을 하고, 비난을 하면 비난받을 짓을 한다. 사람을 바꾸는 유일한 방법은 칭찬밖에 없다.

3. 이 세상에 외상이나 공짜가 없다. 칭찬을 하면 칭찬이 돌아오고 원망을 하면 원망이 돌아온다.

4. 칭찬 노트를 만들어라. 남의 칭찬, 자신의 칭찬이든 칭찬거리가 생각나면 바로 노트에 기록하라. 이 노트가 기적을 창출한다.

5. 돈을 주면 순간의 기쁨이 만들어지지만 칭찬은 평생의 기쁨을 안겨 준다. 칭찬하고 또 칭찬하라.

6. 누구나 본인도 모르는 장점이 있다. 그 부분을 찾아 칭찬해 보자. 그 기쁨과 감동은 무엇과도 비교되지 않는다.

7. 칭찬을 주고받는 사회는 성공한다. 칭찬은 상승효과를 만들어 살맛나는 세상을 만들어 준다.

8. 욕을 먹어도 변명하거나 얼굴을 붉히지 말라. 그가 한 욕은 내가 먹는 것이 아니라 그에게로 돌아간다.

9. 이 세상은 발전하지 않으면 붕괴된다. 돈이 많다고 발전하는 것이 아니라 칭찬을 통하여 변화되어 승리를 안겨 준다.

10. 만날 때 칭찬하고 헤어질 때 칭찬하라. 모두가 애타게 바라는 즐겁고 신나는 세상은 그렇게 해서 만들어진다.

누구든지 칭찬이 필요함을 알고 있다. 칭찬이 얼마만큼 사람을 살리고 사회를 살리는지도 알고 있다. 이제 우리는 실천해 보자. 장난처럼 말하면서 깎아 내리는 농담보다 진실되게 칭찬하는 입술을 훈련하자. 아첨이 아닌 솔직하고 정직하게 칭찬하는 훈련을 하자.

실천 훈련

① 가계부를 작성하듯 인계부를 작성하는 습관을 훈련하자.

우리의 사역은 사람이다. 우리의 소중한 것은 사람이다. 우선순위를 잊어버리지 말자. 주변에 있는 사람들을 사랑하고 섬기자. 특별한 방법이 아니다. 작은 관심이어도 좋다. 사람들은 특별한 일이나 부탁할 일이 있을 때에만 연락하는 경향이 있다. 그냥 생각날 때 안부 전화해 보자. 그 사람에게 참 소중한 사람으로 기억된다. 가계부를 적듯 인계부를 작성하는 습관을 훈련하자.

② 적극적인 경청, 잘 듣는 습관을 훈련하자.

사람은 누구나 자신의 이야기를 하고 싶어 한다. 진지하게 진심으로 관심 가져 주고 들어 주어라. 있는 모습 그대로 이해받고 싶어 한다. 상담의 전부라고 해도 과언이 아닌 것은 열심히 적극적으로 잘 들어 주는 것이다. 누군가 당신에게 말하고 싶은 그런 사람이 되자. 적극적인 경청 습관을 훈련하자.

③ 적절하게 때에 맞는 칭찬하는 습관을 훈련하자.

칭찬은 고래도 춤추게 한다. 막연하게 하지 말고 구체적으로 칭찬하자. 공개적으로 하거나 제 3자에게 전달하자. 결과뿐 아니라 과정을 칭찬하자. 말, 편지, 문자 메시지 등 다양한 방법으로 칭찬하는 습관을 훈련하자.

6) 마음가짐을 훈련하라

조엘 오스틴의 『긍정의 힘』이 세계적인 베스트셀러가 되었다. 이것은 얼마나 이 시대에 긍정이 없으며 반면에 절실히 필요한지를 증명해 준다.

1932년 180명의 젊은 여성들이 미국에서 수녀로 첫발을 내디뎠다. 그 감격적인 순간에 그들에게 자신의 삶을 소개하는 간증문을 쓰도록 했다 180명의 수녀들이 쓴 간증문은 70여 년이 지난 후에 심리학자 손에 넘겨졌고, 연구자들은 간증문에 쓰인 단어와 문장을 분석하여 각 간증문에 얼마나 긍정적인 정서가 표현되어 있는지를 측정했다. 어떤 수녀들은 '매우 행복한' 또는 '정말 기쁜'과 같은 단어들을 자주 사용했지만, 또 다른 수녀들은 자신이 얼마나 행복하고 기쁜지를 말로 잘 표현하지 않았다. 그런데 놀라운 사실은 긍정적인 단어를 많이 사용한 상위 25%의 수녀들 가운데 90%가 넘는 수녀들은 85세까지 장수하고 있었지만, 긍정적인 단어를 적게 사용한 하위 25%의 수녀들 중에서는 겨우 34%만이 생존해 있었다는 점이다.[37]

하나님을 알고 믿는 우리는 영생을 소유한 사람들이다. 인생의 결과가 해피앤딩임을 알기에 우리의 삶은 긍정적이다. 우리 인생의 끝은 당연히 좋다. 왜냐하면 하나님께서 우리를 사랑하시고 구원하셨기 때문이다. 마음을 빼앗기지 마라. 사탄은 우리 마음 가운데 부정적인 생각, 시기, 질투, 원망, 불평을 준다. 우울의 병은 자기 자신에 대한 실망이다. 키에르 케고르의 말처럼 절망은 죽음에 이르는 병이다. 우리의 상황과 환경이 폭풍우

---
37) 최인철, 『프레임』, 193p, 21세기 북스.

가운데 일지라도 우리는 절망하지 않을 수 있다.

행복감을 느끼면서 살려면 무엇보다도 주위 사람들에 대해 고마움을 느끼고 감사하는 마음을 갖는 것이 중요하다. 미국 캘리포니아 주립대 로버트 에몬스 교수는 사람들에게 매일 또는 매주 다섯 가지씩 고마운 것들을 쓰게 했던 사람과 그렇지 않았던 사람들을 비교했다. 예상했던 대로 감사한 일들을 떠올렸던 사람들은 그렇지 않았던 사람들에 비해 건강 상태가 좋아지고 스트레스를 덜 받는 것으로 나타났다.[38]

남을 용서하는 사람 역시 스트레스가 줄어들어 건강해진다는 연구결과가 있다. 미국 미시간 주 호프대 연구팀은 최근 71명의 대학생들을 대상으로 16초간 '마음의 상처를 입은 순간의 고통과 풀리지 않는 유감'을 떠올리게 한 뒤 신체 변화를 측정했다. 그러자 정상일 때 분당 26회 수준이던 심박동수가 분당 39회 수준까지 치솟았고, 혈압도 2.5mm/Hg 정도 올라갔다. 하지만 잠시 휴식을 취하게 한 뒤 다시 16초간 '그 사람을 이해하고 개인적 장점을 떠올리며 용서하려는 마음'을 생각하게 하자 심박동수가 평균 0.5회 정도 떨어지고 혈압도 정상 수준으로 회복됐다.

감사 역시 힘이다.

> "항상 기뻐하라. 쉬지 말고 기도하라. 범사에 감사하라. 이는 그리스도 예수 안에서 너희를 향하신 하나님의 뜻이니라." (살전 5:16-18)

범사에 감사하는 것이 바로 우리를 향한 하나님의 뜻이다. 감사는 태도

---

[38] 이민규, 『네 꿈과 행복은 10대에 결정된다』, 76p, 더난.

이고 마음이다. 모든 것을 극복하게 해 주는 능력이다. 감사를 당신의 입술에 항상 지닐 수 있다면 당신은 무적에 가까운 힘을 소유한 것이다.

크리스천은 행복한 사람이다. 자족이라는 것을 아는 사람들이다. 어느 상황에 처해도 감사하기에 행복한 사람들이다. 아침마다 거울을 보며 미소를 훈련하라. 이것을 '1센치 운동'이라 부르는데 이 작은 훈련이 당신의 삶을 놀랍게 변화시킬 것이다. 사람들은 당신을 만나고 싶어 하게 될 것이고, 당신과 함께 하는 시간을 즐거워할 것이다. 당신은 끌리는 사람이 될 것이다.

기독교의 거장인 C. S. 루이스는 이렇게 말한다.

> "이 세상에 사는 사람이라면 누구도 자유로울 수 없는 악이 하나 있습니다. 그러면서도 다른 사람에게서 그것이 나타나면 누구나 혐오하는 악, 그리스도인 말고는 자신에게도 그런 악이 있다는 것을 생각조차 못하는 악이 있습니다. 그리고 그리스도인이 아니면서도 이 악이 자신에게 있다고 고백하는 말은 지금껏 들어 본 적이 없는 것 같습니다. 동시에 그리스도인이 아니면서도 다른 사람에게서 이 악이 나타날 때 조금이나마 자비를 보여 주는 사람 또한 거의 만나 본 적이 없습니다. 사람들이 이보다 더 싫어하는 악이 없으면서도, 이보다 더 스스로 깨닫지 못하는 악도 없습니다. 이 악이 많이 있는 사람일수록 다른 사람에게 나타나는 이 악을 더 싫어합니다." [39]

누구나 싫어하는 악, 그러나 그리스도인 말고는 자신에게 그런 악이

---

39) C. S. 루이스, 『순전한 기독교』, 192p, 홍성사.

있다고 생각하지 못하는 악, 스스로 좀처럼 깨닫지 못하는 악 과연 이 악이 무엇일까?

사람들은 다윗이 밧세바와 간음한 것을 그의 가장 큰 죄라고 생각한다. 그러나 성경의 시각을 통해 보면 사무엘하 3장에 나오는 인구 조사가 다윗의 더 큰 죄였다. 그것은 연약해서 지은 죄가 아니라 교만해서 지은 죄이기 때문이다. 그 교만의 대가로 7만 명이 죽었다.

교만은 순전히 영적인 악이다. 그리고 신앙생활의 중심부까지 침투할 수 있는 무서운 사탄의 무기이다. 교묘하면서도 치명적이다. 예수님께서는 청함을 받았을 때 높은 자리로 앉지 말고 끝자리에 앉으라고 권면하신다.

"무릇 자기를 높이는 자는 낮아지고, 자기를 낮추는 자는 높아지리라." (눅 14:11)

겸손은 사람을 불러 모으고 교만은 사람을 내친다. 당신은 비전을 이루었는가? 성공이라 불릴 수 있는 자리에 앉았는가? 그럴수록 언제나 하나님 앞에 서서 겸손으로 허리를 동이라.

실천 훈련

① 감사하는 기도와 말을 하는 습관을 훈련하자.

늘 감사의 제목을 찾으려고 노력하라. 적어도 매일매일 기도 가운데 감사의 기도를 꼭 포함하라. 항상 기뻐하라. 쉬지 말고 기도하라. 범사에 감사하라. 절대로 불평하지 마라. 말한 대로 불평한 대로 하나님께서 그대로 이루어 주신 것이 광야의 생활이었다.

② 웃는 습관을 훈련하자.

1cm운동이라는 것이 있다. 아침에 일어나자마자 거울 앞에 서라. 그리고 활짝 웃어라. 당신의 하루하루가 즐거워지기 시작할 것이다.

③ 겸손의 자리에 앉는 습관을 훈련하자.

교만한 사람은 어느 곳에 가도 반겨 주는 사람이 없다. 겸손은 예의에서부터 시작한다. 예의를 배우자. 웃어른들에게 인사를 잘 해 보자. 부모님들께 안부 인사를 자주 드려 보자. 더욱더 겸손한 자리에 서는 습관을 훈련하자.

7) 섬김을 훈련하라

예수님께서는 우리를 섬기러 오셨다. 우리는 그 분을 본받는 자가 되기를 꿈꾸고 소망한다. 점점 더 이기적이고 자기중심적이 되어가는 학생들의 모습을 본다. 나누고 섬기면 내 인생이 부유해진다. 섬기면 종이 되는 것이 아니라 리더가 된다. 이 비밀이 모순 같아 보이지만 생활해 보고 실천해 보면 누구든지 경험할 수 있다. 매일 적어도 한 가지씩 찾아서 누구나 하기 싫은 어려운 부분들을 작게나마 섬기는 훈련을 해 보자. 서로 서로 섬기는 곳이 바로 천국임을 아는가? 섬김의 탁월한 사람들이 되어야 한다.

섬김은 내가 가진 재정과 물질을 소모하는 것처럼 보인다. 하지만 그것은 한 바가지 물을 미래의 펌프에 투자하는 것과 같다. 한 바가지의 물을 펌프에 부을 때 펌프물이 무한대로 용솟음칠 수 있는 것처럼 섬김은 우리의 내면과 우리의 영원에 말할 수 없는 것으로 채우시는 하나님의 능력이다. 현재의 인생에 투자하지 말고 미래의 사람, 영혼에 투자하여 하나님이 쓰시는 사람이 되자. 특별하게 우리에겐 꼭 실천해야 하는 중요한 두 가지 섬김이 있다.

첫째는 사람을 키우는 삶이다. 청년의 때만큼 분주하고 할 일이 엄청나게 많은 시기가 없다. 그런데 재미있는 것은 이렇게 눈코 뜰 새 없이 바쁜데도 불구하고, 청년의 때에 자녀를 낳고, 그 자녀를 양육하기 위해서 모든 희생을 감수한다는 것이다. 출산을 앞둔 부부에게 우스갯소리로 "이제 행복 끝, 고생 시작이다."라는 말을 하는 것처럼 아이 하나 키우기는 일은 결코 쉬운 일이 아니다. 그럼에도 불구하고 모든 가정들은 인생의 가장 분주한 시기에 아이를 낳아서 온갖 희생을 감수하며 자녀를 양육한다. 왜일까? 아무리 중요하고 아무리 바쁘고, 아무리 분주한 인생을 살더라도 그 다음 세대를 위한 생명의 전수와 양육은 중단되어서는 안 되기 때문이다.

이것은 영적인 자녀를 낳고 키우는 신앙의 영역에도 동일하게 적용된다. 사사시대에 암흑기가 온 이유가 무엇인지 아는가? 신앙 계승이 실패했기 때문이다.

"그 세대의 사람도 다 그 조상에게로 돌아갔고 그 후에 일어난 다른 세대는

여호와를 알지 못하며 여호와께서 이스라엘을 위하여 행하신 일도 알지 못하였더라." (삿 2:10)

신앙 전수의 실패는 곧 바로 신앙의 암흑시대를 도래하게 만든다. 유럽의 텅 빈 교회는 신앙계승 실패의 결과이다. 사람을 키우는 일, 사람을 세우는 일 이것 역시 중요한 섬김이고 헌신이다.

둘째는 리더로 섬기는 영역이 있다.

가나안 정복 당시 하나님께서 어느 지파에게 선봉을 맡기셨는가? 유다에게 선봉이 할당되었다. 유다 지파는 제일 동쪽에서 행진하던 지파로서 전체의 선봉이었다. 모세가 가고 여호수아가 죽은 다음에도 누구보고 앞장서라고 이야기하고 있는가? '유다야 네가 제일 먼저 올라가라.'라고 말씀하신다. 매 순간마다 맨 앞에 서는 지파 유다는 저돌적이고 적극적인 지파였다. 하나님께서는 이런 유다 지파에서 메시아가 나오게 하셨다. 여호수아 14장에도 많은 사람들이 주저하고 있을 때 '이 산지를 내게 주소서'라고 일어났던 이도 유다 지파의 갈렙이었다. 앞장선다는 것은 피곤한 일이다. 골치 아픈 일이기도 하다. 더 많은 시간과 헌신, 노력이 필요하다. 하지만 뒷짐 지는 사람들을 통해서는 세상이 바꾸어지지 않는다. 우리는 세상의 가능성이자 소망이다. 하나님께서는 우리를 세상의 '영향력'(빛과 소금)으로 부르셨다. 이것은 해도 그만 안 해도 그만이 아닌 우리의 사명이다. 어느 곳에 있든지 최선을 다하자. 리더는 섬김의 자리이다. 대우받고 존경받는 자리가 아닌 철저하게 낮아짐과 더 많은 헌신과 노력을 쏟아야 하는 자리이다. 그곳이 바로 우리가 가야 할 자리이다.

실천 훈련

① 섬김 노트를 작성하는 습관을 훈련하자.

주위를 섬겨라. 나의 작은 하루의 한 가지 선행과 섬김을 통해서 우리가 사는 이 사회가 놀랍게 변화될 것이다. 섬김의 탁월한 사람들이 되자. 무엇으로 섬길 것인가? 어떻게 섬길 것인가? 섬김의 방법은 무궁무진하다.

② 다른 봉사보다도 먼저 사람을 키우는 일을 하는 습관을 훈련하자.

자신이 처한 곳에서 어떻게 봉사하고 있는가? 가르치는 일은 내가 배우는 일이다. 양육은 나를 온전하게 자라게 하는 일이다. 양육으로 섬겨라. 사람을 키우는 습관을 훈련하자.

③ 리더가 되는 습관을 훈련하자.

주도적인 삶, 누구도 싫다는 자리에 손들고 자원하는 삶을 살자. 선봉에 서는 삶을 자원할 때 하나님께서 우리를 세상의 리더로 세우실 것이다. 선봉에 서는 습관을 훈련하자.